LA

GRAMMAIRE EN ACTION

COURS RAISONNÉ ET PRATIQUE

DE

LANGUE FRANÇAISE

PAR JEAN FLEURY

CORRIGÉ

DES EXERCICES D'APPLICATION

ET

RÉPONSES AUX QUESTIONS

AVEC DES EXERCICES SUPPLÉMENTAIRES

FORMANT

UN COURS COMPLET DE DICTÉES

sur toutes les parties de la grammaire

TROISIÈME PARTIE — SYNTAXE

PARIS

BORRANI, LIBRAIRE-ÉDITEUR

RUE DES SAINTS-PÈRES, 9

LA

GRAMMAIRE EN ACTION

CORRIGÉS ET RÉPONSES

TROISIÈME PARTIE — SYNTAXE

La Grammaire en action se compose de trois parties :

1re PARTIE : PRINCIPES DE LA GRAMMAIRE, applicables à toutes les langues. 1 vol. in-12, cartonné. Prix : 1 fr.

2e PARTIE : ORTHOGRAPHE, comprenant l'orthographe grammaticale, l'orthographe usuelle, la prononciation et la ponctuation. 1 vol. in-12, cartonné : 1 fr. 50.

3e PARTIE : SYNTAXE. 1 vol. in-12, cartonné : 2 fr.

Les CORRIGÉS des Exercices d'application et les RÉPONSES aux questionnaires contenus dans les trois parties de la grammaire se vendent séparément.

1re partie. 1 vol. in-12, cart. : 1 fr.
2e partie. 1 vol. in-12, cart. : 1 fr. 25.
3e partie. 1 vol. in-12, cart. : 1 fr. 50.

OUVRAGES DU MÊME AUTEUR :

I. **Manuel élémentaire de style et de composition.** Choix de 280 sujets gradués, anecdotes, contes, descriptions familières, dialogues, fables à traduire en prose ou à développer, proverbes à commenter, dissertations, scènes, discours, lettres ; par JEAN FLEURY (Paris, Gauguet et Pougeois, 12, rue Cassette).

MODÈLES ET SUJETS, partie de l'élève. 1 vol. in-12.
CORRIGÉS, partie du maître. 1 vol. in-12.

II. **Manuel élémentaire de la littérature française.** Biographie et morceaux choisis des plus célèbres écrivains des 17e, 18e et 19e siècles, avec des notes grammaticales, littéraires et historiques, par JEAN FLEURY (Paris, C. Borrani, 9, rue des Saints-Pères). 1 vol. in-12. 1 fr. 50.

La moitié de l'ouvrage est consacrée aux auteurs contemporains.

III. **Bibliothèque littéraire.** Analyses et extraits de tous les chefs-d'œuvre de la langue française depuis 1600 jusqu'à nos jours, formant une histoire complète de la littérature française, par JEAN FLEURY, CHARLES PARFAIT et G. DE LA FOSSE (Borrani, 9, rue des Saints-Pères ; L. Hachette et Cie, boulevard Saint-Germain, 77). 2 volumes grand in-8, à deux colonnes. 1re partie, Prose ; 2e partie, Poésie : 12 fr.

IV. **Manuel raisonné** *pour la traduction du français en russe et du russe en français*, étude comparative des langues latine, française et russe, par JEAN FLEURY, LOUIS KRESTLING et *** (Saint-Pétersbourg). 1re partie. 1 vol. in-8°.

V. **Un voyage dans le ciel**, entretiens familiers d'un père avec ses enfants et ses amis sur l'astronomie, par JEAN FLEURY. Un beau volume in-8° avec figures, dessins et musique (Paris, librairie de sciences sociales, 13, rue des Saints-Pères).

Cet ouvrage renferme, sous une forme dramatique et piquante, l'exposé le plus clair et le plus complet qui ait encore été fait de la science astronomique : Description de la terre, voyages dans la lune et dans les planètes, voyages des comètes, constitution du soleil d'après les dernières découvertes, description du ciel étoilé, constellations, voie lactée, villages, villes, mondes de soleils ; théorie du son et de la lumière, tableau du ciel pour chaque heure de la nuit aux diverses époques de l'année, notices sur les astronomes célèbres, etc., etc.

Impr. génér. de Ch. Lahure, rue de Fleurus, 9, à Paris.

LA

GRAMMAIRE EN ACTION

PAR J. FLEURY

CORRIGÉ

DES EXERCICES D'APPLICATION

ET

RÉPONSES AUX QUESTIONS

AVEC DES EXERCICES SUPPLÉMENTAIRES

FORMANT UN

COURS COMPLET DE DICTÉES

sur toutes les parties de la grammaire

TROISIÈME PARTIE — SYNTAXE

PARIS

C. BORRANI, LIBRAIRE-ÉDITEUR

RUE DES SAINTS-PÈRES, 9

1865

LA

GRAMMAIRE EN ACTION

CORRIGÉ

DES EXERCICES D'APPLICATION

ET RÉPONSES AUX QUESTIONS.

TROISIÈME PARTIE.

SYNTAXE.

INTRODUCTION.

RÉPONSES AUX QUESTIONS.

La Syntaxe est la partie de la grammaire qui traite des rapports des mots entre eux et de la place que chacun d'eux doit occuper dans la phrase.

Les mots qui s'accordent sont : l'adjectif, le participe, le verbe, et le pronom.

L'adjectif s'accorde, en genre et en nombre, avec le nom ou le pronom auquel il se rapporte.

Le pronom qui se rapporte à un nom, s'accorde avec lui en genre et en nombre.

Le verbe s'accorde avec son sujet en nombre et en personne.

Le participe s'accorde avec le mot qu'il qualifie, lorsque ce mot est placé avant le participe. Il ne s'accorde pas, lorsque ce mot est placé après.

Il y a cependant une exception. Lorsque le participe se rapporte au sujet de la proposition, il s'accorde toujours avec ce mot, quelle que puisse être sa place.

On devra demander comment on reconnaît qu'un mot est qualifié (458).

EXERCICE. Faire accorder dans les morceaux suivants tous les mots variables avec ceux auxquels ils se rapportent.

LES PREMIÈRES LECTURES DANS LES CHAMPS.

1. Oh ! quel est celui de nous qui ne se rappelle avec amour les premiers ouvrages qu'il a dévorés ou savourés ! La couverture d'un bouquin poudreux, que vous retrouvez sur les rayons d'une armoire oubliée, ne vous a-t-elle jamais retracé les gracieux tableaux de vos jeunes années? N'avez-vous pas cru voir surgir devant vous la grande prairie baignée des rouges clartés du soir, lorsque vous l'avez lu pour la première fois, le vieil ormeau et la haie qui vous abritèrent, et le fossé dont le revers vous servit de lit de repos et de table de travail, tandis que la grive chantait la retraite à ses compagnes et que le pipeau du vacher se perdait dans l'éloignement ? Oh ! que la nuit tombait vite sur ces pages bien-aimées ! que le crépuscule faisait cruellement flotter les caractères sur la feuille pâlissante ! C'en est fait, les agneaux bêlent, les brebis sont arrivées à l'étable, le grillon prend possession des chaumes de la plaine. Les formes des arbres se sont effacées dans le vague de l'air, comme tout à l'heure les caractères sur le livre. Il faut partir ; le chemin est pierreux, l'écluse est étroite et glissante, la côte est rude ; vous êtes couvert de sueur, mais vous aurez beau faire, vous arriverez trop tard, le souper sera commencé.

Lettres d'un Voyageur.

2. Vallons que j'ai parcourus pendant mon enfance, collines que j'ai gravies, frais sentiers que mes pieds ont foulés, mer que j'ai vue tant de fois calme ou irritée, oiseaux dont j'ai quelquefois troublé les jeux, ne me sera-t-il plus donné de vous revoir ? Langue pittoresque dont mon oreille a été si longtemps caressée, ne me sera-t-il plus permis de vous entendre?

Mais toutes les choses se seront transformées là comme ailleurs : la maison paternelle est abandonnée. Que sont devenus les amis de mon enfance ! Ils se sont probablement dispersés par le monde, et si je m'informe d'eux, on les aura oubliés comme on m'a oublié moi-même.

CHAPITRE I.

NOMS.

I

GENRES.

Les questions n'offrent aucune difficulté.

Exercice. Les mots qui se rapportent aux noms dont le genre est douteux, sont tous au masculin singulier dans la *Grammaire*. Les élèves verront en quels cas le genre devra être changé. Ils choisiront entre les déterminatifs imprimés en italiques.

SOUVENIR.

1. Le temps était un peu triste, comme aux premiers jours d'un bel (ou d'une belle) automne. C'était au printemps cependant, et au lendemain de Pâques fleuries, c'est-à-dire dans la semaine qui précède la Pâque des Juifs et des Chrétiens. Les aunes qui bordaient la rivière étaient feuillus; l'orge était déjà grande dans les champs; les aigles fixés dans les montagnes voisines planaient dans le ciel, mais il y avait sur toute la nature comme un voile de mélancolie. Une vieille tour s'élevait à l'entrée d'une enceinte plantée d'arbres que la greffe n'avait pas perfectionnés; un tapis de mousse verdoyante entourait le pied de cette vieille construction, dont un petit sentier faisait le tour. Dans ce sentier marchait un homme jeune encore, la tête baissée, et un crêpe attaché au chapeau. Il allait prier sur la tombe de son unique enfant qu'il avait perdue peu de temps auparavant, au moment où elle allait se marier. C'était un

délice de la voir passer joyeuse avec son fiancé; tous ceux qui les connaissaient, c'est-à-dire tous les honnêtes gens du pays, souhaitaient un long et heureux avenir à ce jeune et gracieux couple. La mort l'avait frappée comme la foudre, et son voile de fiancée s'était changé en un crêpe funèbre. Autrefois on aurait fait pleurer sur sa tombe les Ris et les joyeux Amours. Elle avait laissé les plus aimables souvenirs dans la mémoire de tous ceux qui l'avaient connue, et tous les gens de bien la regrettaient sincèrement. Elle n'était pas morte tout entière; elle avait laissé sur ses sentiments de touchants mémoires; sa belle âme respirait à toutes les pages de cette œuvre charmante, et son père trouvait d'amères délices à la lire et à la relire sans cesse. Le ton général en était triste, et un musicien aurait dit qu'elle était écrite en mode mineur. L'orgue de l'église voisine était resté muet depuis qu'elle ne le faisait plus résonner, depuis que les hymnes religieuses qu'elle lui faisait répéter avaient dû se transformer en chants de deuil. Elle touchait au plus beau période de sa vie. Chacun enviait le bonheur qui l'attendait. Tout autre chose est arrivé. C'est à Pâques que son mariage devait être célébré; hélas! Pâques est venu et elle n'a épousé que le cercueil!

2. Le premier orgue apporté en France était probablement mu par un mécanisme. Qui donc à la cour de Pépin ou de Charlemagne, aurait pu se servir d'orgues semblables à celles que nous possédons aujourd'hui?

3. DIALOGUE. Quel est le monstre que voilà
Parmi ces jolis enfants-là?
— Hélas! madame, c'est ma fille.
— *Cette* enfant? Comme *elle* est *gentille!*

4. L'aigle femelle est plus grosse que l'aigle mâle; mais celui-ci est plus fort. C'est au premier siècle avant J. C. que les Romains prirent un aigle pour enseigne. Dans les siècles suivants, les aigles romaines firent le tour du monde connu.

II

NOMBRE.

Pour les réponses aux questions, voir le *Résumé*, *153, *154, *155, *156.

EXERCICE. Corriger les phrases suivantes.

1. Crébillon le tragique, si l'on en croit les registres de l'école qu'il fréquentait, était un insigne vaurien dans son enfance. Il n'obtenait jamais d'*exeat*, ni de *satisfecit;* il était accablé de pensums et ne reçut jamais ni prix ni accessits. On punissait ceux qui ne répondaient pas aux *Benedicite* et aux *Pater*, et ceux qui ne chantaient pas aux *Magnificat.* L'enfant était si distrait qu'il oubliait toujours cette prescription.

2. L'Italie a eu longtemps ses bravi, qui tuaient pour de l'argent ceux qu'on leur désignait; ses lazzaroni, qui vivaient paresseusement couchés sur les marches des palais; mais ses carbonari étaient pleins d'activité.

3. Les œuvres de Scudéry formeraient plusieurs in-folio; tout Racine tient dans un ou deux in-dix-huit. Les féconds Scudérys ne sont pas rares aujourd'hui; mais on trouve peu de Racines qui consentent à concentrer leur pensée pour lui donner plus de valeur.

4. Alexandre et César ont ébloui le monde par leurs exploits; mais l'un voulait faire rayonner sur les contrées étrangères la liberté et les lumières de son pays; l'autre apportait au sien le joug qu'il avait imposé aux contrées étrangères. Beaucoup de personnages ont tenté d'être des Césars; mais nous en voyons peu qui aient voulu être des Alexandres

C'était des si, c'était des mais. LA FONTAINE.

Trois un de suite font cent onze en chiffres arabes.

2. NOMS COMPOSÉS.

EXERCICE. Mettre les noms au pluriel dans le morceau suivant.

LE BAZAR.

Achetez, Messieurs et Mesdames, achetez! Voilà le grand bazar! J'ai des porte-feuilles de toutes formes, des porte-monnaie de toute grandeur; j'ai des porte-bougies, des porte-mouchettes, des porte-crayons, des porte-mines, des porte-aiguilles, des porte-main, des porte-queue, et en général tout ce qui se porte depuis la porte Saint-Denis jusqu'à la porte Maillot; mais je n'ai pas de porte-respect, sans quoi je m'en servirais pour moi-même. En revanche, j'ai des tire-bouchons, des tire-balles, des tire-bottes, des tire-bourre, des tire-lignes, des tire-lires, à l'usage des ouvriers économes qui veulent s'amuser le dimanche; des tire-pied pour les cordonniers qui veulent rosser leurs fils; j'ai des garde-feu et des garde-cendres, des garde-vue et des abat-jour à l'usage de ceux qui craignent la lumière; j'ai des cure-oreilles et des cure-dents, des pince-nez et des casse-noisettes, des serre-papier de marbre et des serre-tête de linge; j'ai des brûle-tout à l'usage des gens économes qui sont honnêtes et des passe-partout à l'usage de ceux qui ne le sont pas. J'ai tous les jeux, depuis le jeu de l'oie renouvelé des Grecs jusqu'aux casse-tête chinois; j'ai des réveille-matin à l'usage de ceux qui dorment trop et des couvre-pieds bien chauds à l'usage de ceux qui ne dorment pas assez. Demandez, faites-vous servir. Petits-fils, achetez des lunettes pour vos grand'mères; grand'mamans, achetez des cerfs-volants pour vos petits-enfants.

III

COMPLÉMENT DES NOMS.

EXERCICE. Appliquer la règle des compléments aux noms du récit suivant:

LE CHAMP DE BLÉ.

« Viens, mon enfant, dit un jour un fermier à son fils âgé de dix ans, nous allons visiter nos récoltes, voir ce que deviennent nos champs de lin, nos prés de sainfoin et même nos champs d'ajoncs. Nous tâcherons d'évaluer à peu près ce que nous aurons de boisseaux d'orge ou de seigle, de haricots ou de fèves, quand viendra la moisson. »

Le père et le fils traversent d'abord un terrain de bruyères, puis ils arrivent aux terrains de culture.

« Oh ! papa, ce champ de seigle, comme il est joli ! s'écria l'enfant. Quelle multitude de fleurs ! quelle richesse de couleurs ! On dirait un parterre de plantes cultivées.

— Modère ton admiration, dit le père.

— Mais regarde donc cette quantité de bluets d'une si belle nuance d'azur !

— A la bonne heure; c'est un champ de coquelicots, de bluets, d'asters, de dauphinelles, de moutardes, de tout ce que tu voudras, mais ce n'est pas un champ de blé. Or, j'ai semé du seigle pour récolter du seigle. Que dirais-tu si au lieu de pain, je te donnais un repas de bluets et de coquelicots, et si au lieu de farine de froment, on te servait, cuite, de la farine de moutarde? Mon fils, ce champ de seigle qui te plaît tant, me ruine et me désole.

« Voici un bon champ d'orge; pas une touffe d'adonides, pas de coquelicots, ni de moutardes; rien que des pieds d'orge, ou tout au plus un peu de verdure près du sol. Celui-ci nous rapportera dix fois autant que l'autre.

« Apprends, mon enfant, à apprécier la beauté d'une chose, non par son éclat, mais par la manière dont elle est appropriée à son but. Plus un parterre a de fleurs, mieux il vaut; mais un champ de céréales, c'est tout le contraire. »

EXERCICE DE RÉCAPITULATION SUR TOUTES LES DIFFICULTÉS DU NOM.

L'élève expliquera, d'après les règles précédentes, tous les mots du récit suivant en italique dans la *Grammaire*.

LE ROSSIGNOL ET LE SERIN.

La foule s'était portée sur le marché aux oiseaux. Ce marché se tient dans plusieurs pays le dimanche de Pâques fleuries[1] et toute la semaine qui précède la pâque[2]. Le printemps était avancé, — car Pâques avait été fixé[3] très-tard cette année-là, — et l'on sentait passer dans l'air ce quelque chose[4] de doux et de triste qui caractérise un bel automne[5]. Une aigle noire[6] à deux têtes dominait la place, au milieu de laquelle s'élevait une fontaine surmontée de petits Amours[7]; de jolies enfants[8] venaient y puiser de l'eau; l'église était tout près. Les cages des oiseaux n'occupaient qu'un des côtés du terrain; de l'autre s'étaient établies des marchandes de fleurs[9] et des marchandes de comestibles[10]. On voyait exposés des narcisses, des rameaux d'or[11], des giroflées et même quelques perce-neige[12] attardées. Plus loin, c'étaient des provisions de bec pour les oiseaux : bottes de mouron[13], bottes de millet[14], œufs de fourmis[15], sacs de chènevis[16], de sarrasin[17], et même d'une orge[18] d'espèce particulière; et à côté, des provisions de bouche pour les enfants et les curieux : conserves de fruits[19], sucre d'orge[20], sucre de pomme[21], confitures de groseilles[22], et autres menues friandises.

Tous les gens désœuvrés[23] de la ville s'étaient donné rendez-vous là. Certaines[24] gens venaient pour voir, d'autres pour être vus[25]. L'exposition abondait en oiseaux de toute espèce[25]. Il y avait entre autres des coqs-faisans[26], des gobe-mouches[27], des pies-grièches[28], des becs-figues[29], des rouges-gorges[30], des huppes avec leurs aigrettes de plumes[31], des serins, des bouvreuils, des rossignols, et jusqu'à des chats-huants[32]. On remarquait surtout un couple[33] de vautours avec leur collier de chair nue[34], et deux beaux aigles[35] des montagnes.

Tout cela chantait, criait, piaillait, hurlait, et formait un concert propre sans doute à charmer l'oreille des Buffons[36], des Cuviers[37] du pays, mais peu réjouissant pour celles des dilettanti[38]. La foudre[39] eût éclaté qu'on n'en eût rien entendu au milieu de ce tapage. Un instant surtout la cacophonie fut intolérable. On entendait à la fois les orgues sacrées[40] jouant une hymne religieuse[41], un orgue[42] de Barbarie jouant un hymne guerrier[43], et un piano très-sonore jetant au vent le dernier œuvre[44] de Weber; le tout dominé par les duos[45] criards de l'aigle et du vautour, et les duetti[46] attendris du pigeon et de la tourterelle.

Ce bacchanal se calma cependant et fit place à un chant mélodieux. C'était le rossignol qui lançait dans les airs ses périodes cadencées[47]; les oiseaux se turent et les curieux s'arrêtèrent frappés d'admiration. Un petit garçon surtout ne pouvait contenir son enthousiasme, et voulait à toute force voir l'oiseau chanteur. « Eh bien reconnais-le, » lui dit son père en le menant devant une cage où il y avait une couple[48] d'oiseaux : un serin et un rossignol. « C'est l'oiseau jaune à n'en pas douter, dit l'enfant; ce n'est bien certainement pas ce vilain animal gris avec son bec pointu. — Tu te trompes, mon fils. C'est le vilain oiseau qui chante bien, tandis que le bel oiseau n'a qu'un ramage très-ordinaire. Au reste on ne doit pas s'étonner de ton jugement. On en fait autant chaque jour dans le monde. On répète sans cesse que les gens ne doivent pas être jugés[49] sur la mine, et l'on y est toujours pris. »

1, 2 et 3. (465) — 4. (466) — 5. Ou *une belle automne.* (461) — 6. (462). — 7. (461) — 8. (462) — 9 et 10. (475). — 11 et 12. (472) — 13, 14, 15, 16 et 17. (475). — 18. (465) — 19, 20, 21 et 22. (475). — 23 et 24. (467). — 25. (475) — 26, 27, 28, 29, 30. (472) Des *coqs* qui sont des *faisans*, des oiseaux qui gobent les *mouches* ; des pies qui sont *grièches* (ce mot ne s'emploie pas seul); des oiseaux dont les *becs* piquent les *figues*, dont les *gorges* sont *rouges*. — 31. (475). — 32. Des chats qui sont huants, poussant le cri : *hou hou !* Huant ne s'emploie pas seul. — 33. (465) — 34 (475). — 35. (462) 36 et 37. (468) — 38. (470) — 39. (465) — 40 et 42. (461) — 41 et 43. (465) — 44. (465) — 45 et 46. (470) — 47. (465) — 48. (465) — 49. (467).

CHAPITRE II.

DÉTERMINATIFS.

I. EMPLOI ET FONCTION DE L'ARTICLE. — II. EMPLOI DE L'ARTICLE APRÈS LES PRÉPOSITIONS *en* ET *de*.

RÉPONSES A QUELQUES QUESTIONS.

Ces mots : *les* Turenne, *les* Bossuet, veulent dire simplement : *Turenne, Bossuet*, etc. L'article ne s'emploie ainsi que dans une énumération : *les* (personnages qui ont illustré le siècle de Louis XIV) *Turenne, Bossuet*, etc.

Lorsque *de* équivaut *à quelque*, on dit que le nom suivant est pris dans un sens *partitif*, c'est-à-dire pour désigner une partie : donnez-moi *du* pain, une *partie du* pain que vous avez; donnez-moi *des* pommes : une *partie des* pommes que vous connaissez, etc.

EXERCICE. Employez ou supprimez l'article d'après les règles dans le récit suivant.

LES CERISES.

Un paysan marchait avec son fils sur une grande route, un bâton de[1] néflier à la main ; il aperçoit un fer qui s'était détaché du pied d'un cheval, et le désignant à son fils : « Ramasse ce fer, lui dit-il. — Je ne vois point[2] de fer à cheval, dit l'enfant qui n'avait pas envie de se baisser, mais un morceau de[1] fer tout à fait sans valeur ; cela ne vaut pas beaucoup d'[3]argent, allez ! — Ramasse-le toujours. — Mais cela a si peu de[5] valeur ! »

Le père ne fit plus d'[2]observations; il ramassa le fer, et au hameau voisin, il le vendit pour quelque menue monnaie à un marchand de ferraille; puis, avec cet argent, il acheta des[1] cerises, de[5] belles cerises, des[6] cerises fort appétissantes à ce qu'il semblait au petit garçon : « Il a tant de[3] fruits qu'il m'en donnera bien quelques-uns, » pensait-il tout bas; mais non-seulement le père ne lui donna pas des[7] cerises qu'il avait achetées, mais il cessa de lui adresser la parole.

Il faisait très-chaud; l'enfant avait grand'soif. « Si j'avais de l'[6]eau ! » pensait-il. Mais où trouver de[5] bonne eau? Il n'y avait là qu'un ruisseau fangeux Il n'osait pas demander de[2] (ou des) cerises; il y pensait bien, pourtant!

Tout à coup son père en laisse tomber une : le petit garçon la ramasse et la mange. Au bout d'un moment, nouveau manége du père et puis du fils. Quantité de[3] fruits continuent à tomber ainsi, mais toujours un à un. Le fils, chaque fois, se baisse et les ramasse.

Le père alors se retourne vers lui : « Eh bien, sont-ce là de[5] bonnes cerises? — Elles sont excellentes, papa; seulement c'est bien peu qu'une à la fois. — Mon enfant, tu as fait le paresseux tantôt; tu n'as pas voulu te baisser une fois pour ramasser un fer à cheval, et voilà cent fois que tu te baisses pour ramasser des[6] cerises achetées avec l'argent retiré de cet objet qui te semblait sans valeur. Les paresseux font toujours ainsi : pour une petite peine qu'ils s'épargnent quand il faudrait agir, ils se préparent dans l'avenir un monde de[3] travaux et d'[3]ennuis. »

1. 481, 2°. — 2. 481, 4°. — 3. 481, 3°. — 4. 484, 3° — 5. 481, 5°. — 6. 484, 1°. — 7. 483, 4°.

III

L'ARTICLE DANS LES SUPERLATIFS.

Les deux premières questions du *Questionnaire*, se rapportent seules à cette leçon.

Les réponses sont les 1° et 2° du n° 485. On pourra demander aussi *pourquoi* l'article s'accorde dans un cas et ne s'accorde pas dans l'autre.

DICTÉE.

(En dictant, le professeur dira aux élèves de choisir entre *le* plus, *la* plus, *les* plus, etc.)

1. Les hommes les plus capables sont quelquefois dupés par les fripons qui agissent le plus maladroitement.

2. Les arts du premier besoin ne sont pas les plus honorés.
MARMONTEL.

3. Dans la conversation, ce sont souvent les moins sensés qui tranchent le plus intrépidement les questions. Celui qui réfléchit voit à la fois les côtés les plus différents des choses, et ne se décide pas si vite.

4. Il y a un tour à donner même aux choses qui en paraissent le moins susceptibles. MONTESQUIEU.

5. Les pensées les plus sublimes ne sont rien si elles sont mal exprimées.

6. Les vérités qu'on aime le moins à entendre sont celles qu'on a le plus d'intérêt à savoir.

7. Mais qu'on me nomme enfin dans l'histoire sacrée
Les rois dont la mémoire est le plus vénérée. VOLTAIRE.

8. Remarquez que ces gens auxquels on ne peut rien apprendre ne sont pas ceux qui savent le plus. LA HARPE.

9. Les flatteurs sont ceux qui se laissent le plus aisément duper par la flatterie.

10. Ce sont les arbres les plus élevés qui sont les plus exposés aux coups de la tempête.

11. Les discours les plus étudiés ne sont pas toujours ceux qui persuadent le mieux.

12. Les astres qui brillent le moins dans le ciel, ne sont pas toujours les plus éloignés. En général cependant ceux qui nous paraissent les plus gros sont aussi les plus rapprochés.

IV

RÉPÉTITION OU SUPPRESSION DES DÉTERMINATIFS.

Les questions 1 à 5 du *Questionnaire*, se rapportent à cette leçon. On peut y ajouter les suivantes :

D. Peut-on mettre le déterminatif et le nom au pluriel en laissant au singulier plusieurs adjectifs qui se rapportent à un nom? — R. Voir* 172.

Il y a trois tournures qu'on peut également prendre : la langue grecque et *la langue* latine ; la langue grecque et *la* latine ; les langues *grecque et latine*. Il faut choisir celle des trois qui s'encadre le mieux dans la phrase que l'on construit.

D. Peut-on dire : les troisième et quatrième chevaux? — R. Voir 489.

D. Met-on l'article devant un nom placé à la suite d'un autre pour l'expliquer? — R. Voir* 173.

On dit du nom ainsi placé, qu'il est en *apposition*.

D. Dans quel cas supprime-t-on ordinairement l'article? — R. Voir* 174.

DICTÉE.

1. Quelle est de toutes les choses du monde la plus longue et la plus courte, la plus prompte et la plus lente, la plus divisible et la plus étendue, la plus négligée et la plus regrettée, sans qui rien ne peut se faire, qui dévore tout ce qui est petit et qui vivifie tout ce qui est grand? — (C'est le temps).

VOLTAIRE.

2. Vous n'avez faim que des bêtes innocentes et douces qui ne font de mal à personne et que vous dévorez pour prix de leurs services. J. J. ROUSSEAU.

3. Les grandes et fortes pensées viennent du cœur.

VAUVENARGUES.

4. Il ne faut regarder dans nos amis que la seule vertu qui nous attache à eux, sans aucun examen de leur bonne ou mauvaise fortune. LA BRUYÈRE.

5. Les cinq langues : française, italienne, espagnole, portugaise et valaque, procèdent du latin.

L'anglais se compose presque entièrement de mots empruntés aux langues française et allemande.

6. Les historiens assurent que Cléopâtre, reine d'Égypte, parlait avec facilité les langues grecque, romaine, hébraïque, arabe, éthiopienne et celles de Syrie et des Parthes.

SÉGUR.

7. Les conjugaisons, hébraïque et grecque, semblent porter l'empreinte des esprits et des peuples qui les ont formées.

CHATEAUBRIANT.

8. Le général persan et le général indien s'empressèrent de donner bataille. VOLTAIRE.

9. Pendant le séjour que je fais en Europe, je lis les historiens anciens et modernes. MONTESQUIEU.

10. La possession des faux biens du monde ne peut procurer qu'une fausse et trompeuse félicité.

11. Chez certains peuples les pères et mères écrasent le nez à leurs enfants nouveau-nés pour les rendre camus.

12. Il écrivit en cour pour supplier le roi de rappeler ses chambellans, ses musiciens, ses cusiniers, et il promit d'être moins vain et plus appliqué.

VOLTAIRE.

V

L'ARTICLE ET LES ADJECTIFS POSSESSIFS.

Pour les réponses aux questions, voir la *Grammaire* et le *Résumé*.

EXERCICE. Appliquer dans la fable suivante les règles sur l'emploi de l'article et des autres déterminatifs.

LE RENARD ET LE CORBEAU.

Les rats et les souris désolaient la maison d'un fermier. « Je vais bien attraper, dit-il, ces désagréables et malfaisantes bêtes [1], » — et il empoisonna de la viande [2] qu'il plaça dans la partie la plus exposée [3] à leurs visites.

La précaution était bonne : mais le résultat en [4] fut tout autre qu'il n'avait prévu.

Un corbeau cherchait fortune aux environs. « De la viande [5] ! croasse-t-il, et de bonne viande [6] encore ! (Elle commençait à sentir mauvais). Je ne me fatiguerai pas plus longtemps les ailes [7] à chercher une autre proie ; » — et il s'empara de la nourriture destinée aux rats et aux souris [8] ; puis il alla se percher sur la branche la plus haute [9] d'un arbre et se prépara à dîner.

Un renard l'observait. Le rusé et cauteleux [1] animal aurait bien voulu s'emparer à la fois du corbeau et de sa proie ; malheureusement les renards ne grimpent pas, et force fut au nôtre de recourir à ses moyens de prédilection.

Le corbeau se rengorgeait avec l'air de la vanité satisfaite. « Bon ! pensa le renard ; je vois à qui j'ai affaire : j'aurai de la viande [2] pour mon dîner.

— Bel aigle des montagnes, dit-il à l'oiseau noir, — le corbeau laisse percer sa joie d'être pris pour un aigle, — quelle belle et noble proie [1] je vois entre tes serres ! tu as dû livrer, pour t'en rendre maître, une de ces grandes et terribles batailles [1] dans lesquelles tu excelles ; car la victoire le plus chèrement achetée [10] est toujours celle qui te plaît le mieux [11]. Je sais que tu conquiers ainsi une foule de bons morceaux [12] dont tu fais généreusement part à tes amis. Nous te connaissons bien dans ma famille, et tu as eu toujours de grandes bontés [13] pour nous depuis que mon père a été assez heureux pour te retirer d'un piége. En récompense, tu nous as nourris bien des fois [14] du produit de ta chasse. Il ne se passe pas de semaine que tu ne nous apportes de la viande [1]. C'est sans doute notre pitance que je vois dans tes serres. Grand merci, noble protecteur ! »

Le corbeau, charmé de ces insipides et grossières flatteries, laissa tomber sa proie. La ruse avait eu plein succès. Mais les suites en [4] furent moins heureuses que le renard ne s'y attendait. Le flatteur, qui avait dévoré gloutonnement le prix de sa flatterie, fut trouvé mort le lendemain ; pendant que le corbeau, à jeun, s'accablait des reproches les plus mérités [15] sur la stupide vanité qui lui avait fait sacrifier si sottement son dîner.

1. 490. — 2. 484. — 3. 485 2°. — 4. 494. — 5. 484 — 6. 481, 5°. — 7. 492. — 8. 487, 488 — 9. 485, 1° — 10. On peut mettre ici *le* ou *la* : achetée *le plus cher*, ou bien *la plus* achetée. — 11. 485, 2°. — 12. 481, 3°. — 13. 481, 5°. — 14. 482. — 15. 479.

VI

ADJECTIFS NUMÉRAUX. — ADJECTIFS INDÉFINIS.

Exercice. I. Écrire en toutes lettres les nombres dans les phrases suivantes :

1. Six personnes peuvent se ranger autour d'une table de sept cent vingt façons différentes; sept personnes, de cinq mille quarante; huit personnes, de quarante mille trois cent vingt-neuf; neuf, de trois cent soixante deux mille cent quatre vingts; et dix, de trois millions six cent vingt huit mille huit cents, sans que la même figure soit jamais répétée.

2. Les pyramides d'Égypte remontent à l'an quatre mille avant J. C.

3. Saint-Pétersbourg fut fondé par Pierre le Grand en mil sept cent trois.

4. C'est en douze cent quatre que les Français fondèrent un empire latin à Constantinople.

5. Rends quatre vingt dix-neuf services à un ami et refuse lui le centième; il ne se souviendra que du refus.

II. Appliquer dans le récit suivant les règles indiquées ci-dessus.

LA SOUPE AU CAILLOU.

Deux voyageurs s'étaient arrêtés dans un village inhospitalier. Quelles que fussent leurs instances, quelques offres qu'ils eussent faites, quelque avantageuses [2] que fussent leurs propositions, comme l'on n'avait rien que l'on crût digne de leur être offert, les habitants étaient tout disposés [3] à les laisser mourir de faim.

« Alors, permettez-nous de faire notre cuisine nous-mêmes.[1] — Volontiers. Mais avec quoi? — Nous ferons de la soupe[5] au caillou. — Au caillou! s'écrièrent les paysans tout[6] ébahis. Quelques soins que vous preniez, quels que soient vos assaisonnements[2], m'est avis, dit un des villageois, que votre soupe au caillou ne vous engraissera guère. — Vous en jugerez vous-mêmes[4], mes amis. Pouvez-vous nous procurer un caillou convenable? — Voici une pierre toute gentille et toute proprette[7], est-ce que ce sera l'affaire? — A merveille. »

Le feu est allumé, les voyageurs l'attisent eux-mêmes[4]. Tout le village, femmes, enfants, vieillards même[4], sont rassemblés autour de la marmite : l'eau bout déjà, avec le caillou dedans. « Vous avez bien quelques poireaux, quelques pommes de terre même[4]? — On peut vous fournir ça. — Vous n'auriez pas un chou, par hasard? — Si fait. En voilà une belle tête toute[7] prête à cuire. — Merci. Il nous manque encore quelques[2] ingrédients cependant. Un peu de[8] beurre, par exemple. — Voilà du beurre. — Et puis du sel, du poivre[8] même[4]? — Voilà. — « Tous[6] ces objets sont mis dans la marmite avec le caillou, et la foule qui est tout yeux et tout oreilles[7] attend le prodige de la soupe au caillou.

« Maintenant la soupe est faite, dit l'un des voyageurs, et quelques railleries que vous vous soyez permises, quels[2] que aient pu être vos doutes, vous allez tous[6] proclamer que vous n'avez jamais mangé de meilleure soupe[9]. Goûtez-y plutôt. » On y goûte. « Il faut convenir, dit un des paysans, que, quelques[2] bons assaisonnements qu'on eût pu employer, on n'aurait jamais rien fait de meilleur. Vive la soupe au caillou! — Oui, dit un malin, à la condition qu'on n'oubliera pas d'y ajouter du beurre et des légumes. »

1. Toutes ces phrases se rapportent aux nos 496, 497. — 2. 499. — 3. *Tout* disposés, c'est-à-dire, tout à fait disposés; *tous* disposés; *tous* sans en excepter un. — 4. 498. — 5. 484. — 6. 500. — 7. 500, 2°. — 8. 481, 3°. — 9. 481, 5°.

EXERCICE DE RÉCAPITULATION SUR TOUTES LES DIFFICULTÉS DES DÉTERMINATIFS.

L'élève devra rendre compte de tous les mots difficiles du récit suivant :

LE JARDINIER DE SINOPE.

1. Phocas possédait un jardin de quelques [1] arpents près de la porte de Sinope, en Asie Mineure. C'était un vrai jardin de maraîcher, abondant en [2] légumes et en [2] fruits, mais ne produisant de [3] fleurs que ce qu'il en fallait pour parer les autels les jours de [4] fêtes et fournir des [5] bouquets aux mariées les jours de [3] noces. Phocas bêchait lui-même ses carrés et tirait de l'eau [5] à son puits pour les arroser. Comme ses goûts étaient modestes, le [6] produit de son jardin suffisait abondamment à ses besoins; il trouvait même moyen de prélever dessus de petits présents [7] pour ses amis et bien des [8] aumônes qui allaient grossir l'héritage des [9] pauvres. Aussi était-il aimé et révéré dans tout le pays, et quelle que [10] fût la chose qu'il lui eût pris fantaisie de désirer, il l'eût obtenue [11] immédiatement.

Un soir qu'il était assis à la porte de son jardin, réduit à l'inaction parce que son [12] rhumatisme l'avait repris et qu'il souffrait dans les [13] deux bras, il fut abordé par un petit groupe de cavaliers. « Brave homme, lui dit celui qui paraissait leur chef, nous n'avons pu trouver d'auberge [14], bien que nous nous soyons adressés à tous [15] les habitants des hameaux et villages [16] voisins, que nous avons rencontrés. Or, nous avons fait quarante milles [17] aujourd'hui ; nous en avons fait deux cent vingt [18] ces jours passés, et deux cents [19] la semaine précédente; quelque [20] habitués que nous soyons à la fatigue, nous voudrions bien nous reposer. Ne pourriez-vous pas nous indiquer une hôtellerie où passer la nuit? — Ma maison est à votre service; je suis pauvre, mais vous m'excuserez. — Ce n'est pas toujours dans les maisons les plus [21] riches qu'on est le mieux [22] traité, dit le militaire. »

Le jardinier insista tant, qu'ils acceptèrent. Pendant le souper, le militaire causa de son état. « Ce qu'il y a de plus désagréable, disait-il, c'est que nous sommes astreints à l'obéissance la plus aveugle et la plus absolue[23]. Quelle que[1] soit notre répugnance à exécuter un ordre, impossible de nous en dispenser. On nous dirait de tuer nos amis eux-mêmes[24], qu'il nous faudrait obéir. J'ai en ce moment, ajouta-t-il, une mission, deux même[24], qui ne me plaisent guère. Il paraît que vous avez des chrétiens dans le pays ? — Beaucoup. — Tous[15] mauvais coquins, n'est-ce pas? Mais le pire de tous[15] est un certain Phocas. Quoiqu'il soit d'une humble condition, le riche et le pauvre[25] viennent le consulter. Quand un enfant est né, les père et mère[26] le lui amènent pour qu'il le bénisse. On assure que sans lui la plupart des[27] Chrétiens retourneraient à leur ancienne et bonne[28] religion. Bref, c'est un homme dangereux. Est-ce que vous le connaissez ? — Beaucoup. — Eh bien, je vous avouerai en confidence.... je puis bien dire cela à un ami des Dieux comme vous.... nous avons ordre de le tuer. — On ne lui fait pas son procès? — A quoi bon? Toute[29] sévère qu'est cette exécution, elle est juste cependant. Ce Phocas ne niera pas qu'il est chrétien? — Certainement non. — Eh bien! devant les tribunaux, ces chrétiens parlent, parlent... Ceux qui les écoutent sont tout[30] émerveillés. Il n'est pas jusqu'aux juges eux-mêmes[24] qui ne se tournent parfois de leur côté ; mieux vaut en finir sans bruit. Est-ce que vous pouvez m'indiquer où je le trouverai, ce Phocas ? — Demain, dans cette maison. — Vous êtes trop bon en vérité.... J'ai la tête tout[30] alourdie; vous me permettrez d'aller me coucher, n'est-ce pas? à demain....

Ceci se passait en l'an trois cent trois[31] de Jésus-Christ, lors de la dixième et dernière[28] persécution contre les Chrétiens.

1. 499, 1°. — 2. 481, 1°. — 3. 481, 4°. — 4. 481, 2°. — 5. 484, 3° — 6. 479. — 7. 481, 5°. — 8. 482. — 9. 479. — 10. 499, 3°. — 11. 466. — 12. 493. — 13. 492. — 14. 481, 4°. — 15. 500, 1°. 16. 488. — 17. 497. — 18. 496, 1° — 19. 496. — 20. 499, 2°. — 21. 485, 1° — 22. 485, 2°. — 23. 486. — 24. 498. — 25. 487. — 26. 488. — 27. 482. — 28. 490. — 29. 500, 2° exc. — 30. 500, 2. — 31. 496, 2°.

CHAPITRE III.

QUALIFICATIFS.

I

ACCORD DES QUALIFICATIFS.

Toutes les questions (page 50), excepté les deux dernières, se rapportent à cette leçon.

Les mots sont placés *en énumération*, quand on les cite les uns après les autres, comme pour les additionner.

Ils sont placés *en gradation*, quand chaque mot nouveau est régulièrement plus fort ou plus faible que le précédent.

Gradation décroissante : Les empereurs, les rois, les princes, les seigneurs, les bourgeois, les ouvriers.

Gradation croissante. La pierre, la plante, l'insecte, le poisson, le reptile, l'oiseau, etc., et enfin l'homme.

EXERCICE. I. Voir si les phrases suivantes sont conformes à la règle ; sinon expliquer comment elles sont cependant correctes.

L'aigle, reine des airs, avec Margot la pie,
Différentes d'humeur, de langage et d'esprit,
Et d'habit,
Traversaient un bout de prairie. LA FONTAINE.

Bertrand avec Raton, l'un singe et l'autre chat,
Commensaux d'un logis, avaient un commun maître. ID.

Ces phrases ne sont pas tout à fait correctes dans la forme, puisque les mots qualifiés par le même adjectif ne sont pas réunis par *et*, mais par *avec*. La grammaire préférerait donc : L'aigle, etc., *et* la pie, *différentes*, etc. Bertrand *et* Raton, *commensaux*, etc. En mettant les adjectifs au pluriel, La Fontaine s'est préoccupé de l'idée plus que du mot, puisque sa pensée était de réunir les deux animaux. Cette construction se rapporte à une figure de grammaire qu'on nomme *syllepse* (803 et suiv.). Cette construction cependant n'est pas à imiter.

II

PLACE DES QUALIFICATIFS.

On peut ajouter les adjectifs suivants à ceux qui changent de sens selon qu'ils sont avant ou après le nom :

La commune voix, c'est la voix de tous ; une voix commune, c'est celle qui n'a rien de distingué.

Un cruel homme, n'est qu'importun ; un homme cruel aime à faire souffrir.

Une fausse corde est une corde qui n'est pas vraie, qui n'existe que pour les yeux ; une corde fausse est celle qui n'est pas d'accord.

Une furieuse entorse, c'est une entorse grave ; un homme furieux, est transporté de fureur.

Un galant homme est poli et agréable ; un homme galant cherche à plaire aux femmes.

Une méchante épigramme, est sans esprit et sans malice ; une épigramme méchante est pleine de malice et même de fiel.

Un plaisant personnage, c'est un personnage impertinent et ridicule ; un personnage plaisant, c'est un homme gai et enjoué.

Un simple domestique est seul ; un domestique simple est crédule et sans esprit.

II. Faire accorder dans la lettre suivante les adjectifs avec les mots qu'ils qualifient.

Nous n'indiquons pas dans les notes l'accord simple de l'adjectif avec un nom ou un pronom.

LETTRE D'UNE JEUNE FILLE A SON AMIE.

Comme il y a longtemps que vous nous avez quittés, ma chère Marie ! La maison, la famille est méconnaissable [1] depuis que vous êtes absente. Pendant votre séjour ici, le château sombre, le ciel gris, le visage taciturne de mon grand-père lui-même était devenu gai. Le jardin, le parc, si animés [2] quand vous nous y conduisiez, ont repris leur solitude et leur tristesse accoutumées. La foule même des oiseaux habitués à vous reconnaître, paraît dépaysée [3]. Nous avons pour voisins de braves gens d'une probité, d'une loyauté peu commune[1], mais qui n'ont jamais eu de leur vie une idée, une pensée quelconque[4]. L'un d'eux a cependant entrepris de combler le vide où nous jette[5] votre départ, votre absence prolongée ; mais le pauvre homme y perd sa peine. Il daigne, comme un simple ouvrier, tourner de ses propres mains des bougeoirs, des boîtes plus ou moins élégantes[6] dont il me fait hommage. L'autre jour, il s'est mis en tête de nous faire la lecture. Était-ce la faute du lecteur ou du livre choisi[5]? je l'ignore. Le fait est qu'il avait à peine lu dix pages, que l'ennui et le sommeil sont venus[2] fondre sur nous comme un brouillard, comme une pluie épaisse[6]. Ma sœur, la première, a laissé tomber sur sa poitrine son menton et sa tête appesantie[7]. Ma mère, un moment après, a penché son visage sur l'une de ses épaules. Le lecteur lui-même a cédé à l'effet du narcotique. Sa langue, sa parole se sont embarrassées[2], le livre est tombé de sa main, et il s'est endormi, comme les autres, du sommeil des justes. J'ai ramassé le livre et j'ai voulu poursuivre la lecture, mais je me suis endormie à mon tour : si bien que, si vous étiez venue en ce moment, vous auriez pu vous croire dans le château de la Belle au bois dormant, avec cette différence que la Belle aurait réveillé les dormeurs au lieu d'être réveillée elle-même par eux.

1. On sous-entend le verbe après chaque sujet; il y a gradation. — 2. 502. — 3. Chaque oiseau est habitué à reconnaître Marie, mais c'est la foule qui est dépaysée. — 4. 509. — 5. 503. — 6. L'adjectif s'accorde avec le second nom, parce qu'on le sous-entend après le premier. — 7. Ou *appesantis* (502 ou 503).

CAS EXCEPTIONNELS.

R. Dans « deux heures et demie ; » *demie* est au singulier parce qu'il est deux heures et *une demi-heure*.

Vérifier, sur le *Jardinier de Sinope*, l'application des règles de ce chapitre.

LE JARDINIER DE SINOPE.

II. Phocas était averti qu'il mourrait le lendemain : il était libre, il pouvait se soustraire au supplice. Il n'y songea même pas. A cette époque de foi et d'ardeur religieuse[1], beaucoup de chrétiens étaient altérés [2] de la soif du martyre. Quelques-uns le provoquaient en troublant les cérémonies et les sacrifices païens[3]; et les moins zélés eux-mêmes[4] auraient rougi à l'idée de reculer devant un supplice passager qui leur ouvrait les portes du bonheur, de la félicité éternelle [5].

Phocas après avoir quitté ses hôtes, descendit au jardin. La nuit était venue. Quelques nuages clair-semés [6] et demi-transparents [7] parcouraient l'atmosphère, la plupart des étoiles étaient visibles [8], et brillaient avec un éclat, une vivacité inaccoutumée [9]. La nature avait l'air joyeux [10]. On eût dit qu'il se préparait une fête au ciel. Phocas adressa à Dieu une longue et fervente [11] prière pour le remercier de ce qu'il le rappelait à lui. Il pria ensuite pour quelques nouveaux convertis [12] dont la foi chancelait encore, puis il revint dans la maison goûter le dernier sommeil dont il devait jouir sur la terre.

Au déjeuner, on trouva la table ornée de fleurs fraîches cueillies [13]. Le jardinier montra, du reste, le même empressement, la même cordialité [14] que la veille. Quand on lui rappela sa promesse de livrer Phocas, il sortit; puis, une demi heure[15] après, il reparut nu-pieds, tête nue [16], et préparé pour le supplice. Ses hôtes furent fort étonnés quand il leur apprit qu'il était celui qu'ils cherchaient. Ils ne voulaient pas exécuter leurs ordres; il les encouragea lui-même à les accomplir, et ce fut sur ses instantes prières, qu'ils consentirent à lui donner la couronne du martyre. L'Église latine célèbre le 3 juillet, et l'Église grecque, le 22 septembre, la fête du courageux jardinier de Sinope.

1. (502) — 2. (505) — 3. (502) — 4. (498) — 5. (503) — 6. (518) — 7. (510) — 8. (505) — 9. (503) — 10. (520) — 11. (490). — 12. (518) — 13. (518) — 14. (486) — 15. (510) — 16. (515).

EXERCICE. Appliquer les règles précédentes dans le récit qui suit.

LE PETIT PAIN.

Pendant une disette, un homme bienfaisant faisait chaque matin une distribution de pain aux enfants du voisinage.

A huit heures et demie[2], on voyait accourir une foule de marmots nu-tête et pieds nus[3], à demi habillés[2] de vêtements en loques ; et puis, petits garçons aux mains brun sale[4], petites filles aux yeux éveillés, avaient la permission de prendre un pain, chacun à son tour. Les premiers arrivés[5] choisissaient naturellement les plus gros ; il en résultait parfois des rixes et les coups tombaient plus ou moins dru sur ces têtes bouclées. L'homme charitable avait remarqué certaine petite fille aux cheveux blond clair[4] et frisés, aux yeux bleu foncé[4], à l'air doux[5], qui restait toujours la dernière pour éviter les disputes, prenait le pain le plus petit[12] et se retirait en silence, l'air satisfait[5], bien qu'elle n'eût guère qu'une demi-ration[5].

Un jour que la petite fille avait rapporté à la maison, au lieu de son pain habituel, une galette fraîche cuite[6], elle fut bien étonnée, en la coupant, d'en voir tomber deux pièces d'or.

Sa mère les ramassa et lui dit : « Tu sais ce que feu[7] ta grand'mère[8] te disait : Si l'on te donne plus qu'on ne veut te donner, si tu trouves quelque chose, rends-le à l'instant[9]. Fais ce que te disait ta grand'mère ; va rendre cet argent à l'homme bon[1] qui te l'a donné par mégarde. »

La petite fille reporta le lendemain les pièces d'or à l'homme bienfaisant en lui faisant le plus d'excuses possible[10].

« Mon enfant, reprit celui-ci, il n'y a pas eu d'erreur. Je t'ai donné le pain et les pièces d'or, pour te dédommager de ce que, comme tous en ont été témoins[11], tu prends toujours le pain le plus petit[12]. Donne encore cet argent à ta maman, ajouta-t-il en lui remettant une petite bourse. Elle t'a fort bien élevée, témoin[11] la délicatesse que tu me montres aujourd'hui ; je veux l'en récompenser : je sais que vous demeurez à une demi-lieue[2] d'ici, j'irai vous voir. » Et il la congédia en lui donnant un gros pain pour sa mère et un gros baiser pour elle.

1. 509. — 2. 510. — 3. 515. — 4. 519. — 5. 520. — 6. 518, exc. — 7. 512. — 8. II, p. 143, note 5. — 9. 466. — 10. 516. — 11. 517. — 12. 486, 2°.

CHAPITRE IV.

PRONOMS.

I

GÉNÉRALITÉS.

Le *Questionnaire* ne présente aucune difficulté. L'*Inspection* se trouve à la fin du chapitre IV. Les phrases dans lesquelles les règles de cette leçon se trouvent appliquées sont aux notes 11, 19, 20, 24.

EXERCICE. Appliquer les règles qui précèdent dans le récit suivant.

ALEXIS ET LES CROISÉS.

L'empereur Alexis comprit en voyant arriver les croisés à Constantinople, qu'il avait agi avec une imprudence[1] qui pouvait lui être fatale; il hésita à tenir la parole[1] qu'il avait donnée. Avant de les laisser passer en Asie, il leur fit prêter un serment[1] qui les liait à lui, et il se fit faire hommage[1] de toutes les terres qu'ils allaient conquérir. Godefroy de Bouillon, le premier, prêta ce serment[1], que nul n'osa refuser après lui. Pendant cette cérémonie, qui demanda beaucoup de temps, un des chevaliers voyant une place.... inoccupée à côté de l'empereur, alla s'y asseoir. Alexis n'osa rien dire, mais le frère de Godefroy détermina, non sans peine, l'intrus à descendre du trône.

« Voyez ce rustre....[2] assis, s'écria un personnage, lorsque tant de nobles chevaliers, qui le valent bien, restent debout ! »

Alexis, à qui l'on expliqua ces paroles, le prit à part :

« Chevalier si peu respectueux, qui êtes-vous ? lui demanda-t-il.

— Je m'appelle Robert de Paris. Je suis Franc et des plus nobles, et je n'entends pas que l'on se raille de[3] moi. Il y a dans mon pays, à la rencontre de trois routes, une chapelle où se donnent[2] rendez-vous tous ceux qui veulent se battre. J'y suis resté souvent en prière, et[1] personne n'a osé m'interrompre. Si quelqu'un se plaint de ma conduite et qu'il veuille se faire connaître, il trouvera à qui parler. »

L'empereur s'empressa d'envoyer ces auxiliaires[2], dont il était épouvanté, contre les Musulmans, qui[2] le débarrassèrent d'une partie d'entre eux.

1. 521, 522. — 2. 525. — 3. On ne pourrait pas dire : je n'entends pas *la raillerie*... ; *entendre la raillerie*, c'est savoir railler agréablement ; *entendre raillerie*, c'est ne pas se fâcher d'une plaisanterie.

II.

PRONOMS PERSONNELS.

Le *Questionnaire* n'offre aucune difficulté. Les phrases de l'*Inspection* qui se rapportent à cette leçon portent les n^os de renvoi 1, 2, 3, 9, 12, 14, 15, 21 et 22.

EXERCICE. Appliquer dans le récit suivant les règles des pronoms personnels.

LE CHEVAL BORGNE.

Une fermière, qui avait perdu son mari, faisait valoir elle-même sa petite ferme. Elle avait une seule jument : on la lui vola. Elle en[1] fut désespérée ; on le[2] serait à moins ; d'autant plus qu'elle y[3] était fort attachée ; c'était sa principale auxiliaire et il lui était impossible de s'en[3] passer. Elle se rendit à une foire assez éloignée, pour acheter un autre cheval. Tout à coup, elle pousse un cri : Eh ! mais c'est ma jument que voilà ! oui, c'est elle[4] ! C'est un cheval volé que vous vendez là, mon ami ! » dit-elle au marchand. Celui-ci est étonné, mais il ne le[5] laisse pas voir. » Vous êtes bien hardie de m'apostropher ainsi, dit-il. — Je ne le[6] suis pas encore assez, car je devrais vous reprendre ma bête. »

On en venait aux gros mots. Un commissaire de police intervint. « Vous prétendez être la propriétaire de ce cheval, dit-il à la fermière. — Je la[7] suis en effet. — Et vous, marchand, vous prétendez que vous l'avez élevé? — Aussi vrai qu'il l'[6]est que vous êtes un honnête[8] homme. — Est-ce que vous avez des témoins? demanda le commissaire à la fermière? — Tous les gens du village le[9] seraient. — Y en a-t-il quelques-uns ici? — Je ne le[6] sais pas. Au reste, attendez, ajouta-t-elle en jetant sur la tête de la jument un sac qu'elle portait sur son bras. L'ami! si la jument est à vous, vous devez savoir de quel œil elle est borgne? — Oui, certainement, dit le marchand avec quelque hésitation. — Eh bien! dites-le donc! »

On écoutait; le voleur pensa qu'il y[1] allait de son honneur de répondre sur-le-champ. « De l'œil droit, dit-il. — Vous l'entendez! reprit la femme; il dit que sa bête est borgne; eh bien, regardez si celle-ci le[6] fut jamais, » ajouta-t-elle en ôtant le sac et en découvrant les yeux brillants et purs de la jument. « Vous avez voulu m'attraper, c'est vous qui êtes pris[9], notre ami. J'ai fait un mensonge pour le convaincre d'imposture, dit-elle. Chacun fait pour soi[10] ce qu'il peut, quand les autres l'abandonnent. Excusez-moi, je vous prie, monsieur le commissaire. »

Pendant ce dialogue, le voleur avait cherché à s'évader en abandonnant sa bête; mais on y[1] mit ordre, et il fut conduit en prison, en attendant qu'il pût prouver que la jument était à lui[10].

1. 31. — 2. 534. — 3. 529 et suiv. — 4. 536. — 5. 533. — 6. 534. — 7. 535. — 8. 509. — 9. 537. — 10. 539.

III

PRONOMS DÉMONSTRATIFS.

Les cinq premières questions se rapportent à cette leçon.

IV

PRONOMS CONJONCTIFS.

Qui est quelquefois objet quand il est interrogatif : *Qui* avez-vous rencontré?

Dont ne peut s'employer comme complément d'un mot précédé d'une préposition (554). Les phrases de l'*Inspection* qui contiennent l'application des règles de cette leçon portent les n[os] de renvoi 8, 16, 17 et 18.

Exercice. Appliquer les règles qui précèdent aux phrases du conte suivant; on choisira entre les mots imprimés en italiques.

L'ÉCHO.

Un propriétaire avait excité l'admiration de ses hôtes en leur montrant un écho auquel[1] on faisait répéter jusqu'à quatre syllabes. Là-dessus on raconta l'histoire de tous les échos célèbres. On rappela, l'un, (qui[2]) les deux tours des environs de Verdun qui répètent le même mot jusqu'à douze fois; l'autre, (qui) le château de Simonetta où l'on entend quarante à cinquante fois un coup de pistolet; un troisième, (qui) raconta ce qu'il avait entendu dans les caves du Panthéon, etc.

« J'ai mieux que cela à vous offrir, moi, dit un personnage à qui[1] on n'avait pas encore fait attention. J'ai dans mon parc un écho bien supérieur à tous ceux que vous citez[3], un écho dont[4] on obtient jusqu'à dix syllabes, toute une phrase. Ce qu'il y a de plus curieux, c'est le ton nasillard avec lequel il répète les sons qu'on lui envoie.

— Et vous nous permettrez d'admirer cette merveille?

— Demain, messieurs, si vous voulez me faire l'honneur de dîner chez moi.

« D'où[5] lui vient donc cet écho? pensait l'amphitryon. La famille dont[6] je descends habite le pays depuis le temps où[6] la reine Berthe filait; comment se fait-il que je n'en[7] aie jamais entendu parler? » C'est qu'en effet, la propriété du voisin ne possédait pas le plus petit écho dont[8] elle pût être fière.

Mais le voisin avait son idée. En rentrant chez lui, il appelle certain domestique qui nasillait comme un canard, mieux qu'un canard.

« Demain, lui dit-il, quand je te ferai signe, tu iras te placer près de la tour, tu sais? — Ah! oui, la tour du moulin, dont [9] vous avez fait une ruine du moyen âge? — Tu te mettras du côté du lac. — Du lac? Ah! oui, la mare d'où[5] il sort le soir tant de grenouilles. Compris, notre maître.

— Et puis quand tu m'entendras appeler l'écho, tu écouteras bien tous les mots, et tu répéteras ceux qui seront[10] prononcés en dernier lieu.

— Bon! l'écho ce sera moi! Eh bien! je suis heureux d'être celui sur l'intelligence duquel vous avez compté[11]. Vous serez content. Je ne vous dis que ça. »

Le lendemain, les hôtes arrivent, et le propriétaire de vanter de nouveau son écho merveilleux. « Quand vous l'aurez entendu, disait-il, vous reconnaîtrez que tous les échos[12] célèbres ne sont rien en comparaison. Venez, venez. Tel se vante, qui est bien embarrassé parfois au moment de faire ses preuves. Moi, la mienne est toute prête, Dieu merci! »

Il conduit ses hôtes à portée de la tour près de laquelle[13] s'est placé le fidèle domestique. « Vous me permettrez de commencer la conversation, n'est-ce pas? leur dit-il. Vous causerez après, tant que vous voudrez. Écoutez bien! Écho! cria-t-il, écho, es-tu là?

— Oui, notre maître, j'y suis depuis une heure, » répond l'écho à pleine voix.

Je laisse à juger si l'on rit. Mais on convint que le propriétaire avait raison; personne n'avait encore rencontré d'écho de cette force.

1. 546. — 2. On peut employer à volonté dans ces phrases, soit *qui* répété, soit *l'un*, *l'autre*, *un troisième*. — 3. 540. — 4. Ou *duquel* (546, 553). — 5. 555. — 6. 552. — 7. 529. — 8. 553. — 9. 552. — 10. 540 — 11. La phrase est correcte ainsi, mais peu élégante. Il vaudrait mieux dire : « Je suis heureux que vous ayez compté sur mon intelligence. » Mais il faut laisser au domestique le style qui le caractérise. — 12. On n'aurait pu dire ici : « tous *les* célèbres ; » comme on a dit : « et laissent passer *les* grosses (540). » Dans les cas pareils, on répète le nom. — 13. 546.

V

PRONOMS INDÉFINIS.

Voyez le *Résumé* pour les réponses aux questions.

Les phrases de l'*Inspection* qui se rapportent à cette leçon portent les nos de renvoi 5, 6. 7, 10, 13 et 23.

EXERCICE. Appliquez les règles qui précèdent aux phrases du récit suivant.

LE BERGER MENTEUR.

Colas et Pierre gardaient chaque jour leurs troupeaux ensemble. Ils s'aimaient beaucoup l'un l'autre [1], mais un matin ils eurent une mauvaise idée. « Séparons nos troupeaux, dit Colas, laissons-les aller, chacun de son côté [2]; ils auront plus d'herbe à paître. — Mais, est-ce qu'on ne s'ennuiera pas bien, ainsi isolés [3]? — Oh ! que non. — Et puis s'il vient un loup, nous nous appellerons l'un l'autre [1]. — Entendu. »

Là-dessus les deux bergers et les deux troupeaux s'en vont, chacun de son côté [2]. Celui qui avait proposé la séparation s'ennuie le premier. « C'est vrai, pensait-il, on est plus gais [3] quand on est deux. Nous serions mieux ensemble l'un et l'autre [1]. Mais si j'en conviens, mon cousin se moquera de moi.... Si je criais AU LOUP ! cela le ferait venir.... » C'est ça.... Et le voilà criant AU LOUP ! de tous ses poumons. Tous les bergers du voisinage accourent, chacun de leur côté [2], au secours de Colas, qui se moque d'eux. « Il n'y a pas de loup, leur dit-il en riant. Vous êtes des nigauds les uns et les autres [4] de vous être laissés attraper. » Ils s'en retournèrent, chacun de leur côté [2], fort mécontents. Un loup survient un moment après, un loup véritable. Colas appelle de nouveau ; mais personne n'est assez fou [5] pour le croire, pas une [5] personne ne vient à son aide ; chacun reste à ses occupations [2], et le loup emporte la plus belle brebis de Colas, sans que Colas puisse l'en empêcher.

Un menteur n'est pas écouté,
Même en disant la vérité.

RICHER.

1. 562. — 2. 560. — 3. 556. — 4. 562, à la fin. — 5. 559.

Exercice de récapitulation sur toutes les difficultés du pronom. Rendre compte, par les règles, de tous les mots soulignés du récit suivant.

L'INSPECTION.

« .... Comment se fait-il[1] qu'un voleur ait pénétré la nuit dernière dans le petit pavillon sans qu'on[1] s'en soit aperçu?

— Monsieur, je[1] n'en[2] sais rien. — Si fait, tu[1] le[3] sais bien, et moi[1] aussi; c'est que tu en[4] avais laissé la porte ouverte. — Monsieur, ce n'est pas ma faute. — C'est ta faute, à toi tout seul. — Monsieur sait que ses gens ont leur jour de sortie une fois par mois, chacun à son tour[5]. En ce cas-là on s'aide les uns les autres[6]. On est réunis[7], c'est pour s'entr'aider, n'est-ce pas? C'était bien autre chose dans la maison d'où[8] je sors. Là, un seul faisait quelquefois le service de quatre ou cinq.... — Tu peux t'épargner toutes ces explications; je n'en[9] ai pas besoin. — Je disais donc à monsieur que c'était hier mon jour de sortie. Pierre et Nicolas étaient absents l'un et l'autre[10]; mon heure allait se passer : je m'en allai, mais après avoir bien recommandé de fermer les portes. Je le dis à Thomas, qui devait le dire à Thérèse, qui devait le dire à Pierre..., — Qui n'en fit rien[11]. — Je ne suis donc pas coupable, c'est Pierre qui l'est[12]. — Quelle est la personne que j'ai chargée[13] de ce soin? — C'est moi, monsieur. — Tu vois donc que le coupable ce n'est pas lui[14] mais toi, et que si tu n'es pas encore puni, tu n'en as pas moins mérité de l'être[15]. »

Le maître de maison poursuivit sa ronde. Beaucoup d'infractions à la discipline furent découvertes, que l'on espérait bien lui cacher[16]. Il trouva la plupart des serviteurs en faute; qui jouait aux cartes[17], qui prélevait une part sur les provisions; qui donnait un souper dans la cuisine; une boiserie près de laquelle[18] on avait jeté un cigare mal éteint commençait à prendre feu, etc.

Il y avait de la lumière chez ses fils, il y monta. L'aîné dormait. Le plus jeune faisait sa prière près du lit.

« Je suis bien aise que tu sois venu, papa, lui dit-il. Tu vois, je faisais ma prière; mais mon frère s'est couché sans faire la sienne[19], j'en suis sûr. Il n'y a étourderie dont[20] il ne soit capable. — Ton frère est étourdi sans doute.... — Il l'est[21] plus qu'on ne saurait le dire[22]. — Soit ; mais il y a quelque chose de bien pire que l'étourderie, c'est le mauvais cœur, c'est ce sentiment d'envie qui fait que l'on s'accuse les uns les autres[23]. Si ton frère a eu un tort, tu en[24] as deux : celui de ne l'avoir pas averti doucement de sa faute, et celui de la dénoncer quand il ne peut se défendre. Tu aurais dû apprendre en faisant ta prière que la première vertu est la charité.... »

1. 527. — 2. 533. — 3. 534. — 4. 494. — 5. 560. — 6. 562. — 7. 556. — 8. 555. — 9. 529. — 10. 562. — 11. 525. — 12. 534. — 13. 559. — 14. 536. — 15. 537. — 16. 545. — 17. 548. — 18. 546. — 19. 521. — 20. 522. — 21. 534. — 22. 533. — 23. 562. — 24. 521.

CHAPITRE V.

VERBES.

SECTION I.

SUJET.

I

GÉNÉRALITÉS.

RÉPONSES A QUELQUES QUESTIONS.

La phrase de Lamartine pourrait être corrigée ainsi :

Qu'il pleure celui *qui, de ses* mains acharnées,
S'attachant comme un lierre au débris des années,
Voit avec l'avenir s'écrouler son espoir.

Mais le premier vers est faux, parce que les règles de la versification exigent qu'il y ait un accent tonique sur la sixième syllabe. Or, *qui*, employé comme sujet, n'est jamais accentué (393).

Le pronom *quiconque* est toujours le sujet de deux verbes, quand il n'est pas le sujet de l'un et le complément de l'autre.

Exercice. Voir si les phrases suivantes sont correctes, et corriger celles qui ne le sont pas.

1. *Louis,* en ce moment, prenant son diadème,
Sur le front du vainqueur, *il* le posa lui-même. VOLTAIRE.

Posa à deux sujets : *Louis* et *il;* c'est une négligence.

2. Certains esprits bargneux sont de la nature des œufs qu'on

fait cuire à la coque, qui, plus on les échauffe, plus ils s'endurcissent.

Qui n'a pas de verbe ; il faut le retrancher ;
.... Qu'on fait cuire à la coque ; plus on les échauffe, (568) etc.

3. L'asile le plus sûr est le sein d'une mère. FLORIAN.

Très-correct ; on aurait pu dire aussi : *C'est* le sein, etc.

4. Quiconque rit d'autrui
Mérite qu'à son tour on rie aussi de lui. MOLIÈRE.

Quiconque est sujet des deux verbes : *Rit*, *mérite*. C'est la règle.

5. Fais bien, et sois certain d'avoir des envieux ;
Mais tu les confondras en faisant encore mieux. VOLTAIRE.

Les verbes *fais* et *sois* étant à l'impératif n'ont pas de sujet exprimé.

6. Le plaisir des bons cœurs, c'est la reconnaissance. LA HARPE.

.... *C'est* ou *est* la reconnaissance.

7. Le sage a-t-il besoin d'employer l'artifice ?

Le sujet est répété ici sous forme d'un pronom (566).

8. En quoi Fénelon eut beaucoup de difficultés à surmonter, fut l'éducation du duc de Bourgogne, prince né avec un caractère inflexible et des penchants vicieux.

Le verbe *fut* n'a pas de sujet, il faut dire : Ce *en quoi*, etc., ou *en quoi*, etc., ce *fut*....

9. Qui n'est pas généreux est bien près d'être injuste. CORNEILLE.

Celui est sous-entendu devant *qui* (565).

10. L'amitié, dans certains cœurs, est comme la force attractive des astres qui, plus la distance augmente, plus elle s'affaiblit.

11. Les petits esprits sont comme les bouteilles à goulot étroit, qui, moins elles contiennent de liqueur, plus elles font de bruit quand on les vide.

Il y a un *qui* de trop dans chacune de ces phrases ; c'est un sujet sans verbe. Il faut dire :
.... Comme la force attractive des astres : plus la distance, etc.
.... A goulot étroit : moins elles contiennent de liqueur, etc. (568).

II

NOMBRE ET PERSONNES.

1. SUJET COLLECTIF.

Les phrases du *Champ à défricher* qui se rapportent à cette leçon ont pour nos de renvoi 4, 5, 6 et 11.

EXERCICE. Examiner les phrases suivantes; voir si l'irrégularité de quelques-unes peut être justifiée ; dans les autres, choisir entre les mots en italiques.

1. La plupart portent sur leur front l'orgueil de leur origine. MASSILLON.

2. La moitié du monde croit être heureux du malheur d'autrui. L. DE BALZAC.

3. Le reste *confondu* dans la foule où nous sommes,
Jouissait des travaux de leurs sages aïeux.

4. Ce que je vous dis là ne sont pas des chansons. MOLIÈRE.

Cette phrase est irrégulière et ne doit par être imitée, mais elle est correcte. C'est comme s'il y avait :

« Ce ne sont pas des chansons que je vous dis là. »

Il n'y a qu'une transposition de mots.

Il y a encore d'autres phrases du même genre dans Molière. En voici une de *l'Impromptu :*

« On m'a montré la pièce; et comme *tout ce* qu'il y a d'agréable *sont* effectivement les idées qui ont été prises de Molière, la joie que cela pourra donner n'aura pas lieu de lui déplaire, sans doute. »

C'est comme s'il y avait :

« Les idées qui ont été prises de Molière *sont tout* ce qu'il y a d'agréable, etc. »

5. Combien de princes vantés pendant leur vie n'ont pas laissé leur nom à la postérité ! MASSILLON.

6. L'astronomie est une des sciences qui font le plus d'honneur à l'esprit humain. ACADÉMIE.

7. Tout ce qu'il dit *sont* autant d'impostures. RACINE.

Cette phrase est plus irrégulière que celle de Molière. Elle est correcte cependant, puisqu'avec l'addition du mot *ce*, qui n'ajoute rien au sens, et qui est superflu pour la grammaire, la phrase est complétement régulière.

« Tout ce qu'il dit, *ce* sont autant d'impostures. »

On peut même ne rien sous-entendre, et expliquer ainsi la phrase :

« Autant d'impostures *sont* tout ce qu'il dit, toutes les choses qu'il dit. »

Cependant ces tournures ne sont pas à imiter, et mieux vaut tourner sa phrase d'une manière qui ne réclame pas tant d'explications.

8. Un nombre infini d'oiseaux faisaient résonner ces ombrages de leurs doux chants. FÉNELON.

9. Le peu de diligence et d'exactitude qu'il a mis dans la conduite de cette affaire, est cause qu'elle a échoué (573).

ACADÉMIE.

2. SUJET MULTIPLE.

Les phrases du *Champ à défricher* qui se rapportent à cette leçon ont pour n^os de renvoi 2, 3, 7, 10, 16, 17, 18.

EXERCICE. Appliquez les règles précédentes dans le récit suivant.

L'ÉCUREUIL, LE CHIEN ET LE RENARD.

Il faisait nuit, et nuit noire ; un voile de ténèbres s'était étendu sur la forêt. La plupart des animaux s'étaient couchés[2]. Oiseaux, insectes, plantes même[3], tout dormait[4] ; c'est-à-dire tous les êtres paisibles ; nombre d'animaux malfaisants venaient[2] au contraire de se lever, et loups, renards, chats-huants, le groupe de carnassiers nocturnes enfin, avait[1] déjà commencé sa chasse.

Un couple d'amis traversaient[2] le bois en ce moment ; un couple d'amis appartenant, non pas à la race des hommes, mais à celle des quadrupèdes ; un bel écureuil et un chien danois. C'étaient deux vieux camarades que la différence de goûts et la rivalité n'avaient[5] pas désunis. Plus d'une cause de discorde s'était présentée[6] sans diminuer leur amitié ; depuis qu'ils se connaissaient, ni l'un ni l'autre ne s'étaient quittés[7] d'un moment. Tous deux voyageaient de compagnie pour voir du pays et étudier les usages. Quand il y avait disette, le peu de vivres qu'ils trouvaient, ils se les[8] partageaient fraternellement. Une basse-cour, une ferme, leur servait[9] ordinairement d'asile pendant la nuit. Mais ce jour-là ils s'étaient engagés dans un pays couvert d'arbres; le peu de ressources qu'ils y avaient trouvé les avait[8] forcés de s'avancer plus qu'ils ne le voulaient, et maintenant nulle chance, nul espoir, ne leur restait[9] d'en sortir de sitôt. Que faire? sinon bivouaquer dans la forêt. Le chien aperçut un noyer creux : « Voilà notre affaire, dit-il, je me coucherai dans le tronc, tu grimperas sur les branches, et bien que la plupart des noix soient cueillies[1], tu en trouveras peut-être encore quelques-unes à grignoter. Pour moi, j'attendrai bien pour manger jusqu'à demain matin. »

1. 572, 1°. — 2. 578, 2°. — 3. 498. — 4. 576. — 5. 574. — 6. 579. — 7. 578 — 8. 573. — 9. 572.

3. SUJET DES VERBES IMPERSONNELS : IL, CE.

Les phrases du *Champ à défricher* qui se rapportent à cette leçon ont pour n^os de renvoi 1, 12, 14, 19.

EXERCICE. Corrigez le récit suivant d'après les règles de toute la partie du chapitre qui a été étudiée.

L'ÉCUREUIL, LE CHIEN ET LE RENARD.

II. « C'est un asile et une auberge[1] à la fois, pour moi du moins, dit l'écureuil en s'élançant dans l'arbre. J'aperçois une[2] couple de noix qui suffiront[3] pour mon souper. » Quand le chien se fut installé dans son creux, et que l'écureuil eut grignoté les noix, l'un et l'autre se dirent bonsoir et s'endormirent[4].

Plus d'un rôdeur nocturne passa[5] dans le voisinage sans les apercevoir. C'étaient[6] des chouettes, des chauves-souris; cette famille de carnassiers offrait[3] peu de danger pour nos amis. Mais survient un renard qui lève le museau vers l'arbre :

« Mon œil et mon odorat me trompent[7], dit-il, ou ce sont[7] les oreilles et la queue d'un écureuil, qui se détachent[7] sur le ciel. » Quelle bonne aubaine, s'il avait su grimper! Malheureusement grimper et se modérer dans le pillage sont[8] deux qualités que la nature a refusées au renard; en revanche, l'adresse, la ruse lui est familière[11]; une multitude de faits sont[9] là pour l'attester.

« Eh bonjour, mon cher cousin! lui cria-t-il, c'est vous[10] enfin que je rencontre! Voilà six mois que je vous cherche!

— C'est trop de complaisance et de bonté[1] que vous avez, lui répond l'écureuil, qui avait reconnu le compère.

— Je vois que votre souvenir, que votre mémoire n'est pas aussi précise[11] que la mienne, reprit le trompeur. Il ne vous souvient donc plus du tas de feuilles qui a servi[3] aux jeux de notre enfance? C'est[12] des mêmes terriers que nous sommes sortis. Votre mère était sœur de la mienne, et c'étaient[6] deux tendres sœurs, vous ne pouvez l'avoir oublié. L'une et l'autre ont quitté[4] ce monde, mais j'ai promis au lit de mort de ma mère de partager avec vous les biens qu'elle m'a laissés. Ce sont[6] de beaux sapins avec nombre de cachettes qui vous seraient bien utiles[9]. Venez donc, mon cher cousin, que je vous mette en possession du terrain et du trésor qui vous reviennent[7].

— Volontiers, dit l'écureuil, mais avant de descendre, permettez-moi de vous présenter un de mes amis qui dort dans le tronc de l'arbre; frappez, il va s'éveiller.

— Comment! ce sont[6] deux écureuils au lieu d'un, » pensa le renard qui, ne se sentant pas de joie, s'empressa de frapper à la porte indiquée.

Le chien, éveillé depuis un moment, se tenait en embuscade; il saute sur le renard et le met en pièces.

Les trompeurs tendent des piéges, mais ce sont[6] eux quelquefois qui en sont les victimes.

1. 581. — 2. 465. — 3. 572. — 4. 578. — 5. 579. — 6. 582. — 7. 574. — 8. 577. — 9. 572, 2°. — 10. 581. — 11. 464. — 12. 583, à la fin.

4. PERSONNES.

Les phrases du *Champ à défricher* qui se rapportent à cette leçon sont celles qui renvoient aux notes 8, 9, 13 et 15.

EXERCICE. Corriger les phrases suivantes; indiquer celles dont le sens sera changé selon que l'on mettra une personne ou l'autre.

1. Est-ce moi qui *produis* mes riches ornements? L. RACINE.
dit la Terre à l'homme (585).

2. Je suis la vérité qu'on invoque toujours,
Et qui pourtant n'*a* point d'asile. NEUFCHATEAU (586).

3. Vous êtes un homme généreux qui m'avez sauvé la vie.

On peut mettre dans cette phrase la seconde ou la troisième personne, suivant le sens :

« Qui pensez-vous que je suis? — Vous êtes un homme généreux qui m'*a* sauvé la vie. »

« Vous êtes un homme généreux, (un homme) qui m'*avez* sauvé la vie, vous ne m'abandonnerez pas. »

4. Thalès est le premier des philosophes grecs qui ait enseigné que l'âme est immortelle (586).

5. C'est un de mes enfants qui a, ont dîné chez vous.

Cette phrase est susceptible de deux sens, suivant que l'on met le verbe au singulier ou au pluriel.

« C'est un de mes enfants qui *a* dîné chez vous. »

Parmi les personnes qui ont dîné chez vous aujourd'hui, il y avait un de mes enfants.

« C'est un de mes enfants qui *ont* dîné chez vous. »

Plusieurs de mes enfants ont dîné chez vous, et celui-ci en était un, etc.

6. Votre père et moi, disait Philoctète à Télémaque, avons été longtemps ennemis l'un de l'autre (584).

7. Je suis, je crois, le premier auteur moderne qui ait donné une description de la Laconie (586).

CHATEAUBRIAND.

8. Athéniens, s'écriait Eschine, ne soyez pas surpris que Démosthènes et moi ne soyons pas du même avis (584).

9. Il faut que toi et tous ceux qui sont ici fassiez les mêmes serments (584).

10. Paris vous méconnaît; Paris ne veut pour maître,
Ni moi qui *suis* son roi, ni vous qui *devez* l'être (585).

VOLTAIRE.

11. C'est vous qui le premier avez rompu mes fers (586).

LEBRUN.

12. Je suis ce Tancrède qui a ceint l'épée pour la défense de la croix (586).

13. M*** est un sot, disait Chamfort, c'est moi qui le dis (585), et c'est lui qui le prouve.

14. Une des choses qu'on imprimait le plus fortement dans l'esprit des Égyptiens était l'estime et l'amour de leur patrie.

BOSSUET.

III

PLACE DU SUJET.

Le sujet se place après les verbes *dit*, *répondit*, *ajouta*, etc. quand on rapporte des paroles, sans indiquer d'abord qui les prononce.

Il se place après un verbe quelconque :

1° Lorsque la proposition commence par un adverbe de lieu : *là*, *ici*, *où*, etc , et par les adverbes : *aussi*, *ainsi*, *peut-être*;

2° Dans les phrases qui expriment une interrogation, un souhait;

3° Dans certaines phrases ou le sujet est plus long que le verbe et le complément ensemble, et alors c'est une affaire d'harmonie.

EXERCICE sur toutes les difficultés du sujet.

LES CITROUILLES.

Charles avait reçu de son père le fermier un présent auquel il tenait beaucoup. C'étaient[1] deux belles citrouilles de la couleur la plus fraîche et la plus appétissante[2]. Les regarder, les contempler était[3] un de ses amusements les plus chers.

Or, un jour, les belles citrouilles disparurent. Grand désespoir de Charles.... « Les autres enfants sont bien plus heureux que moi, disait-il en pleurant. Quantité de jouets sont[4] à leur disposition. Moi, je n'en ai que quelques-uns, et encore il faut que le peu que j'en possède s'égare[5].

— Ce n'est[6] pas la possession ou la privation de quelques jouets qui fait[7] le bonheur, lui disait son père. Ce qui nous rend heureux ou malheureux, c'est notre caractère. L'étourderie, le manque de soin, un hasard peut-être a égaré[8] tes citrouilles ; ce n'est ni la colère ni le désespoir[6] qui te les feront[9] retrouver. Écoute ! je vais aux champs pour toute la journée. Il y a dans le grenier un tas de grains qui doit être remué[10]. Il y en a même deux, en comptant celui qui est dans le coin. L'un et l'autre ont[11] besoin d'être changés de place. Fais ce travail soigneusement. Quant à tes citrouilles, tu les retrouveras plus tard, sois-en bien sûr. »

Le père s'en va. Le fils monte au grenier; mais pendant qu'il regarde le double monceau de grains, une multitude de cris joyeux se font[12] entendre dans la cour. Ce sont[1] les camarades de Charles qui jouent.... « Si je les amenais ici, pense-t-il, ils m'aideraient. Il descend, fait sa proposition, et bientôt une nuée de marmots remplit[10] le grenier. La tâche est proposée et acceptée. Charles avec ses amis se met[13] à l'œuvre, mais bientôt on se relâche. On s'agace, on se pousse; l'un s'enfuit, un second court après, puis un troisième, un quatrième les poursuit[14]; si bien qu'au bout d'un moment, Charles est dans la cour[15] ainsi que ses amis. Maint jeu nouveau est mis en train[16]; plus d'un exercice est inventé[16], et le grain est oublié. Charles pourtant y songe de temps à autre. L'ordre de son père, sa promesse lui imposent[17] la loi d'achever sa tâche, mais promettre et tenir sont[18] deux. Il pourrait ramener ses camarades au grenier; il pourrait y revenir lui-même tout seul; l'un et l'autre de ces partis seraient exécutables[19], ni ni l'un ni l'autre ne fut exécuté[20]. La joyeuse troupe des enfants se livrait à ses jeux[21] de si bon cœur, que Charles n'eut pas le courage de s'en séparer.

La nuit approche; la foule des camarades se retire[21], et le père revient. « Eh bien! as-tu remué le blé? » Charles n'ose pas avouer sa faute : « Oui, mon papa. — As-tu retrouvé les citrouilles? — Hélas, non, mon papa. — Ni l'une ni l'autre? — L'une et l'autre sont perdues[11]. — Charles, je te savais paresseux, mais je ne te savais pas menteur. Être paresseux est un très-grand défaut, mais être menteur est un vice honteux et avilissant. — Papa, je t'assure.... — Tais-toi. Le peu de soin que tu as pris t'a empêché[22] seul de retrouver tes citrouilles. Viens avec moi remuer le blé; je te convaincrai à la fois de paresse, et, ce qui est bien pis, de mensonge. »

Le père et le fils se mettent[17] en devoir de remuer le grain. Il y avait sous chaque tas une des citrouilles de Charles.

1. 582. — 2. 486. — 3. 577. — 4. 572. — 5. 573. — 6. 581. — 7. 574. — 8. 567. — 9. 574, 2°. — 10. 572, 1°. — 11. 578. — 12. 572, 2°. — 13. Il faut dire : « Charles *et* ses amis se *mettent* à l'œuvre, » ou « Charles se met à l'œuvre avec ses amis. » La phrase du texte est correcte, mais peu élégante. La Fontaine aurait écrit : « Charles avec ses amis se mettent à l'œuvre, » en faisant une *syllepse* (803). — 14. 574, à la fin. — 15 Ou : Charles *et* ses amis sont dans la cour. — 16. 579. — 17. 574, 1°. — 18. 577. — 19. On peut aussi mettre le singulier *serait*. — 20. « Ou : ne *furent* exécutés. » — 21. 572, 1°. — 22. 573.

Vérifier comment les règles de ce chapitre sont appliquées dans le récit suivant.

LE CHAMP A DÉFRICHER.

Un laboureur avait acquis un terrain. Était-ce le bon marché ou la proximité[1] de son propre bien qui l'avait décidé[2] à cet achat? L'un et l'autre motif l'y avaient porté[3] peut-être, car le terrain n'avait rien de tentant en lui-même. Une quantité de débris de tout genre l'encombraient[4], et la multitude des ronces qu'il nourrissait était telle[5] que l'on n'osait en approcher. Ajoutons que le peu de terre qu'on apercevait entre leurs rameaux touffus était pleine[6] de cailloux. Le nettoyer, le mettre en culture semblait[7] donc une œuvre très-difficile.

« Ce n'est pas nous qui pourrons[8] entreprendre la tâche de défricher ce terrain, » lui dit son fils, qu'il avait conduit en face de sa nouvelle acquisition. « Nous ne sommes pas les premiers qui aient tenté[9] cette entreprise. Plus d'un s'en est déjà chargé[10] sans succès. Le peu de résultats qu'on a obtenu[11] en a dégoûté tout le monde, et ce n'est pas nous[12] deux qui réussirons[13]. Ce sont des travaux[14] effrayants que vous me proposez là. Vous et moi, nous serons morts[15] avant que ce soit terminé. »

Le père, qui était un homme prudent, n'entreprit pas de convaincre son fils par des paroles. C'eût été peine perdue. « Eh bien, dit-il, nous ne défricherons qu'une petite partie du terrain maintenant, le reste sera pour plus tard. — Dans ce cas, dit le fils, ce sera bientôt fait. » Et le voilà à la besogne. Ni peine ni fatigue ne le rebutent[16], la brièveté de sa tâche, l'espoir de la voir bientôt terminée stimulent[17] son courage. Chardons, ronces, cailloux, tout est vite enlevé[18]. Voilà le terrain net, et propre à recevoir la culture. C'est du blé et du lin[19] que l'on y sème. Pendant que la moisson pousse, le père propose à son fils une nouvelle tâche. Elle est exécutée; puis après celle-là, une nouvelle; si bien que ce terrain, dont le défrichement semblait au premier abord exiger des années, était complétement en culture au bout de six mois.

Quand une tâche vous semblera trop longue, divisez-la, elle deviendra facile.

1. 581, 582. — 2. 574. — 3. 578. — 4. 572, 2°. — 5. 572, 1°. — 6. 573. — 7. 577. — 8. 585. — 9. 586. — 10. 579. — 11. 573. — 12. 581. — 13. 586. — 14. 582. — 15. 584. — 16. 574. — 17. 574. — 18. 575. — 19. 581, 582.

SECTION II.

COMPLÉMENT.

I

NATURE DES COMPLÉMENTS.

COMPLÉMENTS ABSOLUS. — COMPLÉMENTS ÉQUIVOQUES.

Le complément absolu ou détaché est une sorte de complément circonstanciel qui ne se relie à aucun mot de la phrase et équivaut à une proposition (* 56).

La réponse aux questions se trouve dans le *Résumé* * 251, * 252, * 253.

La seule phrase qui se rattache à cette leçon dans l'*Ame du Licencié* renvoie à la note 1.

Exercice. — Les phrases suivantes sont-elles correctes ou incorrectes? — Pourquoi?

1. Le pluriel des noms se forme en ajoutant un *s* au singulier.

Phrase incorrecte. Le sujet de *en ajoutant* n'est pas exprimé. Il faut dire :

On forme le pluriel des noms en ajoutant un *s* au singulier.

2. Les cieux sont assez clairs pour y lire son nom. LAMARTINE.

Qui est-ce qui doit *lire?* Le sujet de ce verbe n'est pas exprimé. Pour être correct il faut dire :

« Les cieux sont assez clairs pour *que nous puissions y lire* son nom, ou : pour que *l'homme* y *lise* son nom. »

3. La vie de Pépin ne fut pas assez longue pour mettre la dernière main à ses projets,

Même incorrection. *Mettre* n'a pas de sujet. On doit dire :

« *Pépin* ne vécut pas assez longtemps pour mettre la dernière main à ses projets. »

4. Que l'on cherche partout mes tablettes perdues
Et que, sans les ouvrir, elles me soient rendues. QUINAULT.

Le sujet d'*ouvrir* n'est pas exprimé dans la seconde proposition ; mais il est indiqué dans le vers précédent (l'*on*), la faute est donc moins grave. La stricte correction exigeait :

....« Et que, sans les ouvrir, *on* me les rende, » ou bien :

« Et que, sans qu'*on* les ouvre, elles me soient rendues. »

De cette manière le vers demeure correct, mais il est dur.

5. L'amitié est un sentiment trop respectable pour être prodigué : on a très-peu d'amitié quand on a beaucoup d'amis.

D'ALEMBERT.

Phrase aussi correcte qu'élégante. C'est l'amitié qui est *prodiguée.*

6. L'allégresse du cœur s'augmente à la répandre. MOLIÈRE.

Cette phrase n'est pas strictement grammaticale puisque *répandre* n'a pas de sujet. Mais le sens est très-clair, et le vers est si heureux qu'on ne s'aperçoit pas de la faute. Il faudrait à la rigueur. « L'allégresse du cœur s'augmente quand on la répand, » ou bien : « On augmente l'allégresse de son cœur en la répandant. »

7. Nous avons deux oreilles et une seule bouche ; c'est pour nous apprendre qu'il faut plus écouter que parler.

Apprendre n'a pas de sujet. Il faut dire :

« *Dieu* nous a donné deux oreilles et une seule bouche. C'est pour nous *apprendre*, etc. »

8. Il m'a fait trop de bien pour en dire du mal ;
Il m'a fait trop de mal pour en dire du bien. CORNEILLE.

Dans ces deux vers l'action de *dire* est faite par celui qui parle, représenté par *m'* (il *m*'a fait), il n'y a donc pas de faute. Cependant *aujourd'hui* l'on dirait :

« Il m'a fait trop de bien pour que *j'en dise* du mal, etc. »

La langue a perdu un grand nombre de tournures depuis le dix-septième siècle, mais elle est devenue plus précise.

9. Nous hasardons de perdre en voulant trop gagner.

LA FONTAINE.

Très-correct. Le sujet de *voulant* est *nous*, qui est aussi sujet de *hasardons*.

10. C'est pour être heureux, mon fils, que je t'ai donné une bonne éducation.

Équivoque. Qui est-ce qui sera heureux ? Le père ou le fils ? Dites : « C'est pour *que tu sois* heureux, mon fils, etc. »

11. Lorsque César partit pour la Gaule, Caton fut envoyé à Cypre afin de l'éloigner de Rome.

Le sujet d'*éloigner* n'est pas exprimé. Il faut dire :

« Lorsque César partit pour la Gaule, *on* envoya Caton à Cypre afin de l'*éloigner* de Rome. »

12. Chez les Banians, les marchés les plus considérables se concluent sans parler et sans écrire ; tout se fait par signes.

Il serait plus correct de dire :

« Chez les Banians *on* conclut les marchés les plus considérables sans *parler* et sans écrire. »

Cependant lorsqu'on emploie le verbe pronominal dans le sens du verbe passif : *se concluent*, — et plus haut *s'augmente*, — on peut, lorsque le sens est très-clair, se servir de l'infinitif sans exprimer le sujet. Ici sans *parler* et sans *écrire*, équivaut à « sans *paroles* et sans *écritures*. » La phrase n'est donc pas tout à fait répréhensible.

13. Les feuilles tombées, les derniers oiseaux de passage partent pour des pays plus chauds.

Les *feuilles tombées*, complément absolu, très-correct.

14. Et notre père même, en commençant à croître,
Nous attachait un signe afin de nous connaître. REGNARD.

Cette phrase signifie que c'est le père qui commençait à croître, or ce n'est pas là ce que l'auteur a voulu dire. Il fallait : « quand nous commencions à croître. » On prononçait *craître* au dix-septième siècle, et par conséquent ce mot rimait avec *connaître*.

15. Le temps passerait sans le compter, le repas serait le repos, et durerait autant que l'ardeur du jour. J. J. ROUSSEAU.

Compter n'a pas de sujet, mais la phrase est très-claire, et peut être justifiée en sous-entendant un verbe.

« Le temps passerait sans (qu'on dût) le compter, etc. »

16. Le père mort, les fils vous retournent le champ.

LA FONTAINE.

Complément absolu très-bien employé.

2. COMPLÉMENTS INCOMPATIBLES.

RÉPONSES A QUELQUES QUESTIONS.

Quand deux ou plusieurs mots qui veulent une préposition différente ont le même complément, il faut ou répéter le complément, ou changer l'un des mots, si c'est possible.

On peut n'exprimer qu'une fois le complément de plusieurs mots : 1° lorsque ces mots veulent le même complément, direct ou indirect ; 2° lorsque ce complément est un nom, ou bien un pronom possessif, démonstratif ou indéfini!

Le poëte.... orne, élève, embellit, agrandit *toutes choses*.
On parcourt son livre ; on lit, on relit et l'on apprend *le vôtre*.
On respecte, on honore, on estime *celui-là ;* mais on aime celui-ci.
Il faut tolérer et excuser *en autrui* ce qu'on excuse en soi.

Mais il faut répéter les pronoms personnels, et les pronoms conjonctifs :

Je *le* vois, je *le* touche et ne puis *le* saisir.
Toi *que* j'aime et *que* je révère.

La réponse aux autres questions ne peut offrir d'embarras.

Les phrases de l'*Ame du Licencié* qui se rapportent à cette leçon ont pour n^{os} de renvoi 4 et 7.

EXERCICE. Voir si les phrases suivantes sont correctes.

Les corrections sont en caractères plus petits.

1. Néron était aussi odieux que cruel aux sénateurs et aux simples citoyens (592).

Néron était aussi odieux *aux* sénateurs et aux simples citoyens, qu'il était cruel *pour* tous.

2. Le curé de campagne est établi dans son presbytère comme une garde avancée aux frontières de la vie pour recevoir ceux qui entrent et ceux qui sortent de ce royaume de douleurs (592). CHATEAUBRIAND.

.... Pour recevoir ceux qui entrent *dans* ce royaume de douleurs et ceux qui *en* sortent.

3. La politesse prouve une éducation soignée et qu'on a vécu dans un monde choisi. DUCLOS.

La politesse prouve *qu'on a reçu* une éducation soignée (595), etc.

4. Cet homme m'a élevée, nourrie, tenu lieu de tout ce que j'ai perdu, et mariée enfin. AUGIER ET FOUSSIER.

Phrase très-incorrecte, puisque *m'*, complément *direct* de *a élevée*, *a nourrie*, *a mariée*, est complément *indirect* de *a tenu lieu* (594). Il faut dire :

Cet homme m'a élevée, nourrie; il m'*a* tenu lieu de tout ce que j'ai perdu; il *m*'a mariée enfin.

5. Après avoir cherché, trouvé et goûté de tous les plaisirs, il (Louis XIV) confessait que tout n'est que vanité.

MADAME DE MAINTENON.

On pourrait dire : « Après avoir cherché, trouvé, goûté *tous les plaisirs*, etc. ; mais le sens serait un peu différent. Si l'on tient à *goûté de*, il faut écrire :

« Après avoir cherché et trouvé tous les plaisirs, après avoir goûté *de tous*, il confessait que tout est vanité (592). »

6. Le souverain Créateur préside et règle le mouvement des astres.

Il faut dire : le souverain Créateur préside *au* mouvement des astres, il *le* règle dans tous ses détails (592), etc.

Ces derniers mots sont ajoutés pour arrondir la phrase qui tomberait trop lourdement sur le verbe *règle*.

7. Le froid est agréable pour se chauffer (591). PASCAL.

Il y a ici beaucoup de mots, trop de mots sous-entendus :

Le froid est agréable pour (l'occasion qu'il fournit à chacun de) se chauffer.

II

DISPOSITION DES COMPLÉMENTS.

1. NOMS.

Les six premières questions se rapportent à cette leçon.

Elles n'offrent aucune difficulté. On peut consulter le *Résumé*, * 264 et suiv.

La réponse aux questions de cette leçon se trouve dans le *Résumé*, nos * 268 et suiv.

Les phrases de l'*Ame du licencié* qui se rapportent à ces leçons portent les numéros de renvoi 2 et 3.

EXERCICE. Voir si les phrases suivantes sont correctes ; sinon les corriger.

1. Nous avançâmes six ou huit lieues dans le lac; ce fut là où nous terminâmes notre course et où nous plantâmes nos colonnes (604). REGNARD.

Ce fut là *que* nous terminâmes notre course et *que* nous plantâmes nos colonnes.

2. Il n'y a qu'en Angleterre où l'on rencontre des édifices religieux qui, dépouillés depuis trois cents ans d'une partie de leur destination première, ne subsistent qu'à titre d'objets d'art et de curiosité. (604). VITET.

Il n'y a qu'en Angleterre que l'on rencontre, etc.

Ou pour éviter l'accumulation des *que :*

« C'est en Angleterre seulement *que* l'on rencontre, etc. »

3. Je n'ai pu *de mon fils* consentir *à* la mort (599). VOLTAIRE.

Je n'ai pu de mon fils *autoriser* la mort.

Ou : Je n'ai pu consentir à la mort de mon fils.

4. Six cents Anglais et deux cents Anglaises assiégés dans un palais à peine crénelé, par soixante mille égorgeurs, avaient donné pendant quatre mois l'exemple d'un courage héroïque (590). MONTALEMBERT.

On dirait que le palais a été crénelé par les égorgeurs; il faut dire :

« Six cents Anglais et deux cents Anglaises, assiégés par soixante mille égorgeurs dans un palais à peine crénelé, avaient, etc.

5. Ce que vous avez à faire demain, faites-le aujourd'hui. Très-bien! (603). FRANKLIN.

6. Vous avez fait de grandes choses ; mais avouez la vérité, ce n'est guère vous par qui elles ont été faites. FÉNELON.

Très-correct. On dirait aujourd'hui de préférence :

.... Ce n'est guère *par vous* qu'elles ont été faites (604).

7. Ce n'est pas de la majesté de la loi dont ils sont jaloux, c'est la gloire et la faveur de Daniel qu'ils haïssent (604).

Il y a un *de* en trop dans cette phrase. Il faudrait dire pour être correct :

» Ce n'est pas *de la majesté* de la loi *qu*'ils sont jaloux. »

Ou bien, à la manière du dix-septième siècle :

« Ce n'est pas *la majesté* de la loi *dont* ils sont jaloux, etc.

8. C'est à Dieu et non pas à moi à qui vous devez la victoire (604).

.... *Que* vous devez la victoire, ou bien : C'est *Dieu* et non pas *moi* A QUI vous devez la victoire.

9. Le bien, nous le faisons, le mal c'est la fortune (603).
LA FONTAINE.

10. Ulysse se chargea de me persuader d'aller avec eux au siége de Troie et d'y apporter les flèches qu'il croyait que j'avais (607).

11. Cette justice qui nous est quelquefois refusée par nos contemporains, la postérité sait nous la rendre (603).

Ces trois phrases sont irréprochables. Dans la seconde, il y a deux mots sous-entendus :

.... Qu'il croyait (être celles) que j'avais.

Cette phrase est de Fénelon.

2. COMPLÉMENTS PRONOMS.

Réponse à la première question, n° 609. Réponse à la seconde et à la troisième, 612. Réponse à la quatrième et aux suivantes, 610, 611, 613, 614. On peut voir aussi le *Résumé*.

Les phrases de l'*Ame du licencié*, qui se rapportent à cette leçon, ont pour numéros de renvoi 5, 6, 8, 9, 10 et 11.

EXERCICE SUR LES COMPLÉMENTS. Voir si les compléments sont employés correctement dans le récit suivant et corriger s'il y a lieu.

LA MÉSANGE.

Joseph avait un poirier qui, au printemps, s'était couvert des plus beaux panaches de fleurs blanches ; l'été venu, ces fleurs s'étaient fanées et changées[1] en poires qui lui promettaient et lui donnaient[1] déjà beaucoup de satisfaction. Par malheur, les mésanges s'attaquaient à ses plus beaux fruits et les mangeaient sans attendre qu'ils fussent mûrs. Il leur faisait la guerre et les chassait[2] quelquefois à coups de pierres; mais les pierres abattaient les poires et n'abattaient pas les oiseaux.

« Si je leur tendais des lacs? disait-il à sa sœur.

— Tends-leur en, si tu veux, répondait-elle. Mais prends bien garde à toi et ne vas[2] pas t'exposer sur une branche qui se casse.

— Rapporte-t'en[3] à moi pour ça. Ce n'est pas à toi que je demanderai des leçons de prudence. »

Il grimpa en effet au haut de l'arbre, y tendit ses lacs et en redescendit sans encombre. Le lendemain il accourt de bonne heure; il voit ses lacs garnis et reconnaît[4] qu'il n'a pas perdu sa peine. Plein de joie, il s'élance à l'arbre et s'empare d'une mésange qui se débattait dans un des piéges.

« Ah je t'y prends, s'écria-t-il. Eh bien! y reviendras-tu me manger mes poires? » L'oiseau ne répondit pas; mais une branche se cassa sous les pieds de l'imprudent, et il tomba lourdement à terre.

Sa sœur accourt; « Je te l'avais bien dit[5]! s'écrie-t-elle. — Abstiens-toi de réflexions, et m'aide[6] à me relever. — Est-ce que tu t'es fait mal? — Un peu. — Où donc? — Là où[7] la main se joint au bras. Mais la mésange? — Je ne vois rien. — Comment, je n'ai rien pris[8], et j'ai failli me casser le cou! »

En effet, la mésange s'était relevée la première. La secousse avait relâché le nœud dans lequel elle s'était prise; elle avait saisi l'occasion et en avait[9] profité pour s'envoler.

« Ce n'est pas là qu'il[10] faudra tendre le piége désormais, se dit Joseph. — Comment tu voudrais encore remonter dans l'arbre? — J'y retournerais bien, sans doute, répondit Joseph; mais c'est la mésange qui ne s'y en[5] reviendra pas. Sache que les oiseaux ne sont jamais pris deux fois au même piége. — Alors, ils sont plus sages que les hommes, plus sages que toi surtout; puisque après avoir failli te casser le cou, je te vois encore prêt à t'exposer au même danger[11]. »

1. 594. — 2. 592. — 3. 613. — 4. 614. — 5. 595. — 6. Ou « aide-moi, » 611. 7. 605. — 8. 602. — 9. 592. — 10. 604. — 11. Ou : *à courir le même danger* (592).

III

DISTRIBUTION DES COMPLÉMENTS.

EXERCICE. Analyser et expliquer la disposition des compléments dans le morceau suivant.

Cette analyse doit se faire de vive voix; nous séparons les principaux compléments par des tirets; il est facile de voir que partout le complément le plus court est le premier, et que le complément direct passe avant le complément indirect, quand tous deux sont d'égale longueur.

L'AVEUGLE ET SES SOUVENIRS.

« Le jour ne vous paraît-il pas bien long ainsi, tout seul dans les sentiers de la montagne? lui demandai-je.

— Oh! non, jamais, dit-il; jamais le temps ne me dure. Quand il fait beau hors de la maison, je m'asseois — à une bonne place — au soleil, — contre un mur, — contre une roche, — contre un châtaigner; et je vois — en idée — la vallée, le château, le clocher, les maisons qui fument, les bœufs qui pâturent, les voyageurs qui passent et qui causent en passant sur la route, comme je les voyais autrefois des yeux. Je connais — les saisons — tout comme dans le temps où je voyais — verdir les avoines, faucher les prés, mûrir les froments, jaunir les feuilles du châtaignier, et rougir les prunes des oiseaux sur les buissons. J'ai — des yeux — dans les oreilles, continua-t-il en souriant; j'en ai sur les mains, j'en ai sous les pieds. Je passe — des heures entières — à écouter, — près des ruches, — les mouches à miel qui commencent à bourdonner sous la paille, et qui sortent une à une — en s'éveillant, — par leur porte, — pour savoir si le vent est doux — et si le trèfle commence à fleurir. J'entends les lézards glisser dans les pierres sèches; je connais — le vol de toutes les mouches et de tous les papillons — dans l'air — autour de moi[1] — la marche de tous les insectes sur les herbes — ou sur les feuilles sèches au soleil. C'est mon horloge et mon almanach. Je me dis[2]: « Voilà le coucou qui chante: c'est le

« mois de mars, et nous allons avoir du chaud ; — voilà le « merle qui siffle ; c'est le mois d'avril ; — voilà le rossignol : « c'est le mois de mai ; — voilà le hanneton : c'est la Saint-« Jean ; — voilà la cigale : c'est le mois d'août ; — voilà la « grive : c'est la vendange, le raisin est mûr ; — voilà la ber-« geronnette, voilà les corneilles : c'est l'hiver. » Il en est de même pour les heures du jour. Je me dis parfaitement l'heure qu'il est à l'observation des chants d'oiseaux, — du bourdonnement des insectes — et des bruits de feuilles qui s'élèvent ou qui s'éteignent dans la campagne, selon que le soleil monte, s'arrête ou descend dans le ciel. Le matin[3], tout est vif et gai ; — à midi, tout baisse ; — au soir, tout recommence un moment, mais plus triste et plus court, puis tout tombe et tout finit. Oh ! jamais je ne m'ennuie. » LAMARTINE.

1. Les compléments : *dans l'air*, *autour de moi*, sont plus courts que : *de toutes les mouches, et de tous les papillons* ; mais ces derniers compléments ne sauraient être séparés facilement de *vol*.
2. Toutes ces portions de phrases commençant par *voilà*, sont, avec tout ce qui en dépend, les divers compléments directs de : *Je me dis*.
3. Ici les compléments circonstanciels sont en avant des verbes.

Exercice sur toutes les difficultés des compléments. Montrer l'application des règles dans le récit suivant :

L'AME DU LICENCIÉ.

Deux écoliers, les vacances terminées[1], se rendaient à l'Université de Salamanque. Une inscription tracée sur une tombe au bord du chemin, attira leur attention : Ci gît l'ame du licencié Pierre Garcias.

« Ah ! ah ! s'écria l'un d'eux, que le licencié ait eu une âme, je veux le croire[2] puisqu'il le dit ; mais du bon sens, j'en doute[3] fort. Comment peut-on dire qu'une âme immortelle gît dans une tombe ? — Il doit y avoir quelque mystère là-dessous, dit son compagnon. — Mystère ou non, je ne m'en soucie, ni ne m'en inquiète[4]. — Eh bien, moi, j'en veux avoir[5] le cœur net. — A ton aise ! Renseigne-toi et te satisfais[6], si tu veux ; pour moi, je suis disposé et décidé à[7] ne m'arrêter qu'à Salamanque. — Soit, rends-toi à Salamanque et attends-moi[8], je t'y rejoindrai bientôt[9]. — Adieu donc! et bonne chance! Si tu découvres l'âme, ne m'oublie pas[10], rapporte m'en[11] un petit morceau! Et il s'en alla en ricanant.

L'autre écolier cependant se prit à examiner la tombe; il reconnut que la pierre était mobile et pouvait être dérangée. Il la souleva, et au fond du caveau qu'elle recouvrait, il trouva une boîte sur laquelle on lisait cette inscription :

« O toi, qui que tu sois, qui as eu assez d'intelligence pour deviner le sens de l'énigme, prends ce trésor qui a été l'âme de ma vie, et puisses-tu en faire un meilleur usage que moi! »

1. Complément absolu, 589. — 2. Complément direct répété par un pronom, 603. — 3. Complément indirect répété par un pronom, 603. — 4. Complément direct pronom, répété parce que le verbe est à un temps simple, 594. — 5. Complément déplacé, 612. — 6. Deux impératifs de suite, 611. — 7. Compléments compatibles, 592. — 8. Pronoms compléments d'un impératif avec suppression de *y*, 614, à la fin. — 9. Plusieurs compléments pronoms, 613. — 10. Pronom complément d'un impératif avec négation, 609. — 11. Pronoms compléments d'un impératif sans négation, 610 et 614.

SECTION III.

MODES ET TEMPS.

I

MODES.

1. INFINITIF, IMPÉRATIF ET CONDITIONNEL.

On doit craindre l'équivoque lorsqu'on emploie l'infinitif, parce que ce mode n'ayant ni nombre ni personne, on peut se tromper facilement sur le sujet du verbe.

Voir comment les règles sont appliquées dans le récit suivant :

LES ÉPIS.

« Je te dis que non! — Je te dis que si! — Ne t'imagine pas que tu me feras croire un pareil conte. »

La voix des enfants devenait aigre. Leur père marchait derrière eux; il s'approche. C'était au milieu des champs et par un beau jour d'été.

— Voyons [1], de quoi s'agit-il? demanda le père.

— Il s'agit de ces épis de blé.

— Ce n'est pas une raison pour vous disputer [2] si fort. Je parie que les épis que Frédéric admire le plus sont ceux qui se redressent avec orgueil.

— Justement; à l'entendre [3], ceux qui lèvent la tête seraient [4] non-seulement les plus beaux, mais les plus utiles, et contiendraient [4] autant de grain que les autres.

— J'ai dit: plus de grain que les autres. A en croire ma sœur [3], les meilleurs seraient [4] ceux qui se penchent et regardent la terre, comme s'ils y cherchaient quelque chose. Moi, je préfère ceux qui se campent fièrement. Je parierais [5] que tu es de mon avis.

— Tu perdrais [5], mon enfant. Parmi les épis, comme parmi les hommes, ceux qui appellent le plus l'attention sur eux, ceux qui lèvent le plus la tête sont généralement les plus vides. Le mérite a des allures plus modestes.

1. Première personne du pluriel pour la première du singulier, 621. — 2. Le sujet de l'infinitif *disputer* est représenté par le complément indirect *vous*, 591. On aurait pu dire, mais moins élégamment: Pour que vous vous *disputiez* si fort, 619. — 3. Complément indiquant une condition. — 4 Conditionnel avec condition exprimée. — 5. Conditionnel avec condition non exprimée.

Exercice. Appliquer, en modifiant les phrases du dialogue suivant, les règles sur l'infinitif et le conditionnel.

L'ART DE VOLER.

« Eh bien, que vous raconte votre correspondant?

— Une histoire trop étonnante pour qu'on puisse [1] en garantir l'authenticité. Un Chinois aurait [2] trouvé l'art de voler.

— Il est inutile d'aller [3] chercher cet art-là en Chine. Beaucoup de nos compatriotes sont de force à en remontrer au Chinois le plus madré.

— Il s'agit de l'art de s'élever dans l'air et de redescendre sans courir le risque [4] d'être traîné à travers champs. Il se serait [2] lancé du haut d'une montagne, et grâce à un appareil de son invention, il serait [2] allé jusqu'au Japon et en serait [2] revenu. Il se proposerait[2] de tenter une ascension jusqu'à la lune. Mais il aurait[2] besoin de beaucoup d'argent pour construire son appareil, et il s'adresse à la bourse de toutes les personnes de bonne volonté.

— Je comprends maintenant. Que les souscripteurs le voient ou ne le voient pas voler, peu importe : ils n'en seront pas moins volés. »

1. 591. — 2. 623. — 3. 619. — 4. 620.

II

INDICATIF.

EMPLOI DES TEMPS.

RÉPONSE A UNE QUESTION.

Les poëtes emploient le passé défini au lieu du passé indéfini, parce qu'il n'a qu'un mot au lieu de deux, et que par conséquent, il entre plus facilement dans les vers.

Exercice. Analysez les temps de tous les verbes contenus dans le récit suivant, et indiquez pourquoi dans chaque circonstance on a employé l'un ou l'autre des *cinq passés*.

« Je *passais*, un jardinier *cueillait*, cette cité *existait.* »
L'imparfait, parce qu'il s'agit d'une action accomplie en même temps qu'une autre (*je demandai*), et dont on n'indique ni le commencement ni la fin.

« Je *demandai*..., il *répondit.* » Actions accomplies une fois dans un temps passé, récit continué.

« Cette ville *a* toujours *existé.* » Action accomplie à une époque non complétement écoulée ; la ville a existé et elle existe encore.

« Je *repassai*.... » Temps passé, action faite une fois, récit prolongé: le passé défini.

« Il n'y *avait* plus de vestiges, un pâtre *était* là, ses moutons *paissaient*.... la ville n'*existait* plus. » Actions accomplies en même temps qu'une autre : je *passai*, et dont on n'en indique ni le commencement ni la fin : passé imparfait.

« Je lui *demandai*, il me *répondit.* » Action accomplie une fois dans un temps passé ; récit prolongé : le passé défini.

« Ce gazon *a* toujours *nourri* les moutons. » Action accomplie dans un temps passé, mais qui existe encore : le passé indéfini.

« Je vis une grande forêt. « Une fois, temps passé entièrement, récit prolongé : le passé défini.

« Un ermite *avait choisi* sa demeure. » Action faite *avant* une autre, dont on n'indique ni le commencement ni la fin : plus-que-parfait.

« Il *était* en train. » Action accomplie en même temps qu'une autre (*je vis*), et dont on n'indique ni le commencement ni la fin : passé imparfait.

« Dès qu'il *eut levé* les yeux. » Action accomplie avant une autre, mais dont on indique le commencement précis : Dès qu'il *eut levé* les yeux, je *demandai* : passé antérieur.

« Je *demandai*, il me *répondit*. » Récit prolongé ; actions accomplies une fois dans un temps complétement écoulé : passé défini.

« Quel âge *avait* cette forêt. » Fait qui se passe en même temps qu'un autre dans le passé (*je demandai*), et dont on n'indique ni le commencement ni la fin : passé imparfait.

« Je l'*ai* toujours *habitée* et j'*ai* toujours *vu* croître ces arbres. » Fait accompli une fois dans un temps non complétement écoulé : passé indéfini.

« Je *passai*. » Fait accompli une fois dans un temps complétement écoulé ; récit prolongé : passé défini.

« La mer *recouvrait*, un pêcheur se *reposait*. » Actions accomplies en même temps qu'une autre dans le passé, sans indication du commencement ni de la fin : passé imparfait.

« Je lui *demandai*. » Fait arrivé une fois dans un temps complétement écoulé ; récit prolongé : passé défini.

« La mer baignait. » Fait accompli en même temps qu'un autre, dans un temps passé, sans indication du commencement ni de la fin : passé imparfait.

« On *a* toujours *pêché* dans ces parages. » Fait accompli dans un passé non complétement écoulé (on pêche encore), avec commencement et fin : passé indéfini.

« Je repassai. » Action accomplie une fois dans un passé complétement écoulé ; récit prolongé : passé défini.

« Une nouvelle cité s'*était élevée*. » Fait accompli avant un autre, sans indication du commencement ni de la fin : plus-que-parfait.

« Les voix *emplissaient* le marché ; depuis quand cette ville *était* bâtie ; où *était* la forêt, où *était* la mer, où *était* le chalumeau. » Actions accomplies en même temps qu'une autre (*je demandai*), sans indication du commencement ni de la fin ; passé imparfait.

« Où *avait été* l'ermitage. » Action accomplie plus ou moins longtemps avant une autre : plus-que-parfait.

« Chacun *cria*. » Action accomplie une fois dans un temps complétement écoulé : récit prolongé ; passé défini.

« Ce qui est, *a* toujours *été*. » Action accomplie une fois dans un temps non entièrement écoulé (cela dure encore) : passé indéfini.

Exercice. Racontez par écrit et *avec détails* la fable suivante en employant tous les temps de l'indicatif.

LE RENARD ET LE BOUC.

Un renard et un bouc se promenaient ensemble imp.; l'un était aussi rusé imp. que l'autre était stupide imp. Ils eurent soif p. déf. et descendirent p. déf. dans un puits pour se désaltérer. Quand ils eurent bu p. ant. suffisamment, il fallut p. déf. songer à sortir. — Que ferons-nous? dit p. déf. le renard. — Je n'en sais rien prés., dit le bouc. — Comment, tu n'y avais pas songé d'avance pl. q. parf., dit p. déf. le renard. — Mais non. — Tu as eu tort p. indéf. Quand on s'engage prés. dans une affaire, il faut prés. toujours savoir comment on en sortira f. — Tu as trouvé, toi p. indéf.? — Certainement. Mets tes deux pieds contre le mur. — Mais je ne pourrai f. pas grimper jusqu'au haut! — Toi, sans doute; mais moi je grimperai f. fort bien à l'aide de ton dos et de tes cornes. — Ah! oui, et quand tu seras sorti f. ant., tu me tireras de là f. — Justement, dit le renard. Le bouc ne se demanda pas p. déf. comment son camarade s'y prendrait : il n'aimait imp. pas à réfléchir; il obéit p. déf. A peine eut-il mis p. ant. les pieds contre le mur, que le renard s'élance sur son dos p. déf., et en deux bonds il fut dehors p. déf. Il se penche prés. alors vers le bouc : « Eh bien, que fais-tu là prés.? — J'attends prés. que tu m'aides à sortir. — Tu attendras f. longtemps alors, dit p. déf. le renard, car je ne puis prés. rien pour toi. Mais il passe prés. quelquefois des hommes par ici. Crie sans interruption, on finira f. par t'entendre et te délivrer. — Mais tu m'avais promis pl. q. parf.... — Il fallait imparf., avant de me croire, te demander si ce que je te promettais imparf. était possible imparf. Adieu et bonne chance!

Et il s'enfuit p. déf. en courant vers le bois, et le pauvre bouc resta p. déf. au fond du puits d'où s'élève prés. encore de temps en temps son bêlement lamentable.

En toute chose il faut prés. considérer la fin.

FUTUR.

Les deux futurs antérieurs indiquent une action qui s'accomplira avant une autre :

Quand *j'aurai fini*, je partirai.

A peine *aurai-je eu reçu* l'argent que je serai en route.

EMPLOI DES TEMPS DE L'INDICATIF ET DU CONDITIONNEL APRÈS *Si*.

EXERCICE. On a mis partout le conditionnel et le futur dans la *Grammaire*.

SI J'ÉTAIS PETIT OISEAU !

« Si j'étais[1] petit oiseau, je volerais bien vite vers le pays qui m'a vu naître. Qui sais si je ne surprendrais[4] pas ma vieille mère pensant à moi, et si je ne verrais[4] pas mon vieux père assis sous l'orme au bord du chemin et épiant mon arrivée ? Oh ! comme j'irais les embrasser tous deux, si je me trouvais[1] tout à coup petit oiseau !

« Si j'avais été[2] petit oiseau autrefois, j'aurais visité les prisonniers dans leurs donjons ; j'aurais visité Jeanne d'Arc dans sa tour ; qui sait si je ne l'aurais[5] pas consolée ? Comme j'aurais été heureux, si j'avais[2] pu la distraire un moment de l'ingratitude et de l'abandon de ceux qu'elle avait sauvés !

« Si je suis[3] un jour petit oiseau.... (Qui peut dire que mon âme dégagée de mon corps ne prendra[6] pas un jour une forme ailée ?).... eh bien, si je suis[3] petit oiseau, je ne m'arrêterai pas auprès des heureux ; je me poserai sur les genoux de la jeune fille qui pleure le père qui la protégeait, de la mère qui pleure l'enfant que Dieu lui a repris, et qui sait si je ne distrairai[6] pas un moment leur douleur, en leur montrant qu'elles ne sont pas tout à fait abandonnées ! Oh ! que de pleurs je sécherai, si je suis[3] un jour petit oiseau ! »

1. 639, 1°. — 2. 639, 2°. — 3. 639, 3°— 4. 640, 1°. — 5. 640, 2°. — 6. 640, 3°.

III

SUBJONCTIF.

1. SUBJONCTIF OBLIGATOIRE.

1. VERBES QUI RÉGISSENT LE SUBJONCTIF.

Explication des formules.

1. *Ce* qu'on vous demande *est*-il *possible? Ordonnez* qu'on le fasse. Est-ce une chose indispensable, une chose qu'*il faut* faire nécessairement? *Consentez*, sans vous faire prier.

2. *Admirer* ce qu'on n'a pas, *désirer* de l'obtenir; le *regretter* quand il nous échappe : *c'est* à quoi se passe *la vie* humaine.

3. *Prenez garde*; le fait ne vous semble pas prouvé; mais il n'est pas impossible; *doutez*, si vous voulez, mais le *nier serait* une *folie*.

1re CATÉGORIE, *Volonté*, *Nécessité*.

RÉPONSE A QUELQUES QUESTIONS.

Les remarques I et II ne sont pas des exceptions à la règle. Le subjonctif s'emploie toutes les fois que celui qui parle n'est pas sûr que l'action marquée par le verbe aura son accomplissement. Dans les cas des remarques I et II, celui qui parle ne doute pas; il est sûr; il n'y a donc pas lieu d'employer le subjonctif.

Voir comme on a appliqué ces règles dans les vers suivants.

Le Rêve impossible.

Au souci qui ronge
C'*est* bien *le moins* qu'en songe
J'ÉCHAPPE par moments[1]....
Votre gaîté me gagne :
Je veux faire.... en Espagne,
Des châteaux.... surprenants!

Allons qu'on m'OBÉISSE![2]
J'*entends*[2] qu'on me BATISSE
Un logis gracieux,
Où je *défends*[2] qu'on LAISSE
Pénétrer la tristesse
Et les gens ennuyeux!

Si j'*empêche*[2] qu'on VOIE
Briller l'or et la soie
Sur ses simples lambris,
Il me plaît[1] que les roses
ORNENT, fraîches écloses,
Tous les coins du logis.

Il n'*importe*[1] que j'AIE
Laquais rangés en haie
Quand j'entre en ma maison;
Mais *il est délectable*[1]
Qu'il s'ASSEOIE à ma table
Des amis à foison.

J'*ordonne*[2] qu'on APPRÊTE
Chaque jour que Dieu prête
Un dîner copieux;
Je *prétends*[2] qu'on APPELLE
A ce dîner modèle
Les jeunes et les vieux.

Il *faut*[2] que la jeunesse
M'APPORTE l'allégresse
Et la folle gaîté.
Je *veux*[2] que la vieillesse
M'APPORTE la sagesse
Avec sa gravité.

Il me *convient*[1] qu'on OUVRE
A chaque instant mon Louvre
A tous les cœurs en deuil;

J'*exige*[2] qu'on CONNAISSE
Que toute âme en détresse
Y doit trouver accueil.

Je *consens*[3] qu'on m'ENLÈVE
Tous les trésors qu'en rêve
Je me vois possédant,
Si dans tout mon domaine,
Je *souffre*[3] que la gêne
SÉJOURNE un seul instant....

Parmi votre allégresse
A l'ennui qui m'oppresse,
Je n'ai pu mettre un frein!
Il *est temps*[3] que je CESSE
Ces rires sans ivresse,
Ces rêves sans entrain.

1. Verbe exprimant une couvenance, une nécessité. — 2. Verbes de commandement. — 3. Verbes exprimant un consentement.

SECONDE CATÉGORIE. *Amour et haine.*

Les exemples portant le n° 1 se rapportent aux verbes d'étonnement, 1° .

Les exemples qui portent le n° 2 se rapportent à la seconde division, 2°.

Les phrases des *Trois frères* qui se rapportent à cette leçon renvoient à la note 3.

TROISIÈME CATÉGORIE. *Crainte, exclusion.*

Le Questionnaire ne donne lieu à aucune remarque.

2. CONJONCTIONS QUI RÉGISSENT LE SUBJONCTIF.

Conseils moraux.

Il faut veiller sur sa colère
Jusqu'à ce qu'on SOIT apaisé [1]
Et ne pas tenter une affaire
*Avant qu'*on AIT bien tout pesé [1].

Que la conscience SOIT bonne [1],
Qu'importent les propos des fous ?
Ne dites de mal de personne
*De peur qu'*on n'en DISE de vous [2].

Gardez vos amis du jeune âge,
*A moins qu'*ils ne SOIENT vicieux [1];

Mais recueillez-en au passage
*Pour qu'*il vous en RESTE étant vieux [2].

*Bien qu'*une tâche soit pénible [1],
Faites-la si c'est un devoir.
Quoique on AIT PU vous décevoir [1],
Conservez votre cœur sensible.

*Supposé qu'*on vous AIT TRAHI [1],
N'allez pas en punir les autres....
Supportez les défauts d'autrui
*Sans qu'*on AIT à souffrir des vôtres [1].

*Si tant est qu'*on vous AIT fait tort [1],
*Qu'*on AIT TROMPÉ votre ignorance [1],
Consolez-vous; on est bien fort,
Ayant pour soi sa conscience.

*Qu'*on vous HAISSE ou qu'on vous AIME [1]
Qu'importe? soyez estimé;
Pour peu que vous AIMIEZ vous-même [1],
Vous finirez par être aimé.

Quelque malheur *qui* vous ADVIENNE [1],
Gardez-vous de désespérer;
*Loin qu'*elle vous DOIVE atterrer [3],
Que l'infortune vous soutienne.

Non que de vous J'EXIGE en rien [3]
Une vertu sublime et rare;
Mais *au cas qu'*on le VEUILLE bien [1],
Point de malheur qu'on ne répare.

1. Conjonction de doute, d'exception, de condition.
2. Conjonction de crainte, de précaution.
3. Conjonction d'exclusion.

Les phrases des *Trois frères* qui se rapportent à cette leçon portent les nos 4, 5 et 6.

Exercices sur le subjonctif.

1. « Sire, vous n'avez qu'un mot à dire pour qu'on me fasse[1] gagner mon procès, disait à Louis XIV un de ses valets de chambre qui plaidait contre son beau-père. — Il n'y a rien là qui soit[2] difficile, dit le roi; mais si tu étais[3] à la place de ton beau-père, et que ton beau-père fût[4] à la tienne, serais-tu bien aise que je disse[5] ce mot? »

2. Il était peu d'hommes de lettres que Piron aimât[6] aussi peu que Voltaire. On avait désiré qu'ils passassent[7] tous deux quelque temps dans le même château. Voltaire trouva un jour le mot « coquin » écrit sur sa porte. Il ne doute pas que ce ne soit[8] l'œuvre de Piron et court chez lui. « Je ne m'attendais pas, lui dit Piron, que vous me fissiez[7] l'honneur de venir me voir. A quoi faut-il que je rende[9] grâce de cette visite? — Il est possible, lui dit Voltaire, que je ne fusse[9] pas venu, si vous ne m'aviez prévenu. Mais après ce qui s'est passé, il ne faut pas que ma démarche vous surprenne[9]. Je vous rends votre visite: j'ai trouvé votre nom écrit sur ma porte. »

3. Le célèbre peintre Rigaud peignait un jour le portrait d'une dame qui faisait beaucoup de mines en posant. Il n'était peine qu'elle ne se donnât[6] entre autres pour que sa bouche parût[1] plus petite. « Il ne faut pas que vous preniez[9] tant de

peine pour fermer la bouche, lui dit le peintre. Pour peu que vous le désiriez, je n'en mettrai pas du tout. »

4. « Souffrez que je vous doive[10] un service, » disait un jour un Gascon à un étranger qu'il rencontrait dans un salon. « Que puis-je faire qui vous soit[11] agréable? — Prêtez-moi dix écus, je vous en prie. — Comment se fait-il que vous me fassiez[9] cette demande, à moi qui n'ai pas l'honneur de vous connaître? — A qui voulez-vous que je la fasse[12]? Il n'y a pas un de mes amis qui voulût[6] me prêter la plus petite somme. »

5. Un autre Gascon avait été plus heureux. Il avait obtenu qu'on lui prêtât[13] quelque argent. « Il faut que vous me fassiez[9] une reconnaissance de cette somme, lui dit son créancier. — Ah! mon ami, elle sera éternelle, ma reconnaissance. Pourquoi voulez-vous que je l'écrive[12] sur un papier qui peut se perdre? »

6. Un poirier chargé de fruits est entouré de soins. Il n'y a pas un jour qu'on ne vienne[6] l'arroser, pas de précaution qu'on ne prenne[6] pour en écarter les insectes; rien ne semble coûter pourvu qu'on l'entretienne[6] en bonne santé. « Comme on m'aime! pensait-il. Faut-il que ces gens soient[9] bons de me soigner si bien! — Crois-tu donc que ce soit[14] pour toi qu'ils se donnent cette peine-là? lui dit un jour un houx. Attends que la saison des fruits soit[7] passée, et tu verras. — Pourquoi ne veux-tu pas que je croie[12] à leur amitié? » reprenait le poirier. Mais lorsqu'il n'eut plus de fruits, il fallut bien qu'il s'avouât[9], en voyant son abandon, que ce n'était pas lui qu'on aimait, mais les services qu'il pouvait rendre.

1. 651, 2°. — 2. 650, 30. — 3. 639, 1° — 4. 652. — 5. 647, 1°. — 6. 650, 3°. — 7. 647, 2°. — 8. 650, 2°. — 9. 644, 3°. — 10. 644, 2°. — 11. 655. — 12. 644, 1°. — 13. 644. — 14. 654.

2. SUBJONCTIF FACULTATIF.

Les phrases des *Trois frères* qui contiennent l'application de ces règles portent les n[os] de renvoi 8 et 9.

EXERCICE. Mettre au subjonctif, dans les récits suivants, les verbes qui doivent être à ce mode.

1. LE MYSTIFICATEUR. — « Comment se fait-il que tu reviennes [1] de la mer de si bonne heure? demandait un Provençal à un sien voisin. Crois-tu que la marée soit [1] belle demain, et que la pêche soit bonne [1]? — J'ai peur que cela n'aille [2] pas bien. — Est-ce qu'il y a à la côte quelque nouvelle qui vaille [1] la peine d'être apprise? — La plus étonnante que tu aies entendue [3] de ta vie. — Tu piques ma curiosité. — Crois-tu qu'il soit [1] jamais venu des baleines dans la Méditerranée. — Pas que je sache [1]. — Eh bien! il y en a une maintenant, et une des plus belles qu'on ait jamais vues [3] nulle part. — Tu m'étonnes. Et quel est le plaisant qui prétend l'avoir aperçue? — Tout le monde; elle est échouée sur la plage. Il n'y a dans tout le pays personne qui n'aille [4] la visiter. — Je veux y aller moi-même. Montre-moi un chemin qui me conduise [5] promptement au lieu où elle est. — Le plus court est celui-ci. — Merci. — Bien du plaisir! » Et il regarde en riant son interlocuteur, qui va être attrapé, car toute cette histoire était une mystification, et l'on n'avait pas souvenir que jamais baleine se fût [4] égarée dans ces parages. La mystification avait si bien pris, qu'il la continua; il ne rencontra pas un individu de connaissance qu'il ne l'engageât [3] à aller voir la baleine. La nouvelle se répandit bientôt partout, et quand il arriva à son village (il s'était quelque peu attardé en chemin), il ne vit personne qui ne lui criât [3] qu'une baleine était échouée sur la côte. On partait par bandes pour la voir; il était le seul qui ne parût [3] pas pressé d'y aller. Il commença par rire beaucoup de la mystification; puis ce concours universel lui inspira des doutes. « Si pourtant c'était vrai! » pensa-t-il, et il alla voir comme les autres.

2. LA TÊTE PERDUE ET RETROUVÉE. — Mme X... rendait visite à Mme Cornuel (dix-septième siècle). C'était la première fois qu'elle la revoyait [3] après une longue absence. « Faut-il que l'on soit stupide [6] dans le monde! s'écria la visiteuse après une heure de conversation. Croyez-vous qu'on avait osé [7] me

dire que vous aviez perdu la raison? — Il n'y a pas de stupidité qui ne se dise [6], répondit Mme Cornuel. Croiriez-vous qu'on m'a dit [7] que vous l'aviez retrouvée? »

1. 654. — 2. 650, 1°. — 3. 655. — 4. 650, 3° — 5. 656. — 6. 644, 3° — 7. 653.

EXERCICE SUR TOUTES LES DIFFCULTÉS DU SUBJONCTIF.

Indiquer les règles appliquées dans les phrases du dialogue suivant que l'on a imprimées en italique dans la *Grammaire*.

LES TROIS FRÈRES.

HENRI. — Voyons, frères. Supposons que nous sommes les maîtres de choisir notre destinée. Qu'est-ce que vous allez demander?

ÉDOUARD. — C'est difficile à dire si brusquement. Mais toi, que veux-tu?

HENRI. — Moi, je veux qu'on me voie sur un beau cheval de bataille à la tête d'une armée victorieuse. Vous vous récriez! Enfin est-il possible ou non que cela se fasse? Sans doute il faudra que j'aille à l'école militaire et que j'étudie, mais je consens qu'on m'astreigne à tout ce qu'on voudra pourvu que j'arrive [1].

ÉDOUARD. — Moi, je suis beaucoup moins ambitieux. Si je vais à l'armée, il est à craindre que je ne perde bras ou jambe sur le champ de bataille, et je doute que cela me fît plaisir. Je vais plus loin, je nie qu'il soit agréable de se séparer ainsi d'une partie de soi-même. Pour éviter ce malheur, je resterai à la maison [2]. Et toi, Jean?

JEAN. — Je n'ai pas plus de goût que toi pour la guerre. Ce que j'aime, c'est que tout le monde soit content; ce que je hais, c'est qu'on se querelle; ce que je désire, c'est que tous ceux que je chéris soient heureux; ce que je regrette, c'est qu'il ne dépende pas de moi de faire votre bonheur à tous [3].

HENRI. — Quoi qu'il advienne, je veux être célèbre, et cela commencera avant qu'il soit dix ans [4]!

ÉDOUARD. — Je ne bâtis pas de châteaux en Espagne, moi,

de peur qu'il ne m'en coûte trop d'y renoncer, et je borne mes prétentions, afin que ma vie puisse s'écouler en paix [5].

JEAN. — Je ne veux pas non plus aller à la guerre, non que je manque de courage ou de résolution, mais parce que la guerre ne se fait pas sans qu'il périsse beaucoup d'hommes [6].

ÉDOUARD. — Mon cher Henri, ton projet est trop ambitieux; je ne crois pas qu'il réussisse [7].

HENRI. — Mon cher Édouard, je crois qu'il réussira [7].

ÉDOUARD. — Le mien est le seul qui soit facile à exécuter : s'abstenir [8].

HENRI. — C'est peut-être le seul qui ne s'exécutera pas [8].

JEAN. — Mon vœu est le plus ambitieux de tous : rendre les autres heureux. Je ne désespère pas cependant, et je compte bien m'arranger de manière à ce qu'il se réalise [9].

1. Dans cet alinéa figurent les principaux verbes de volonté et de nécessité (1re catégorie). *Je veux* (volonté); *est-il possible* (possibilité); *il faudra* (nécessité); *je consens* (consentement).

2. Cet alinéa contient les principaux verbes de la troisième catégorie (crainte, exclusion) : *craindre*; *je doute*, *je nie*.

3. Cet alinéa contient des verbes de la seconde categorie (amour et haine), *j'aime*, *je hais*, *je désire*, *je regrette*.

4. Conjonctions de doute, d'exception, de condition. — 5. Conjonctions de crainte, de précaution. — 6. Conjonctions d'exclusion.

7. Subjonctif facultatif après un verbe. — 8. Après un superlatif. — 9. Après une conjonction.

II

CONCORDANCE DES TEMPS.

1. EXCEPTION.

RÉPONSE A UNE QUESTION.

La règle qui prescrit d'employer dans certains cas, un présent après un passé est en désaccord avec la loi générale qui veut que l'on mette au même temps tous les verbes qui se suivent.

DICTÉE.

Pour les mots soulignés, le professeur laissera le choix à ses élèves entre le présent et le passé.

1. C'est de lui que les nations tiennent ce grand principe, qu'il *vaut* mieux hasarder de sauver un coupable que de con-

damner un innocent. Il croyait que les lois *étaient* faites pour secourir les citoyens autant que pour les intimider. VOLTAIRE.

2. Il avait appris que l'amour-propre *est* un ballon gonflé de vent dont il *sort* des tempêtes quand on lui *a* fait une piqûre. ID.

3. Il était fermement persuadé que l'année *est* de trois cent soixante-cinq jours et un quart, et que le soleil *est* au centre de notre monde.... et quand on lui disait qu'il avait de mauvais sentiments et que c'*était* être ennemi de l'état que de croire que le soleil *tourne* sur lui-même et que l'année *a* douze mois, il se taisait sans colère et sans dédain. ID.

4. Il assurait que c'*était* faute de vertu et de courage que les hommes *avaient* si souvent besoin de la médecine. FÉNELON.

5. Le religieux répondit à son pénitent que la miséricorde de Dieu (*est* ou *était*) infinie.

6. Il lui persuada qu'il *était* permis de faire du mal dans la vue de produire du bien. VINET.

7. Il fallait que les cieux fussent solides, car Aristote avait trouvé que la solidité *était* une qualité attachée à la noblesse de leur nature. FONTENELLE.

8. Quelqu'un me disait un jour que Moscou *était* plutôt une province qu'une ville; il avait raison. MME DE STAEL.

9. Les hommes ont cru pendant longtemps qu'il n'y *avait* pas de plus belle action que de tuer, solennellement, et au son de la musique, la plus grande quantité possible de leurs semblables.

10. Les sages de tous les temps se sont accordés à penser que la guerre *est* un fléau destiné à disparaître dans un temps assez court parmi les peuples civilisés.

2. TEMPS DE L'INDICATIF ET DU CONDITIONNEL.

LA LEÇON INDIRECTE.

Un écuyer avait laissé mourir par négligence le cheval favori de l'empereur chinois Tsi. L'empereur irrité déclara qu'il tuerait [1] l'écuyer négligent quand il le rencontrerait [1]. Il l'aperçoit un jour et saisit son épée pour se jeter sur lui. Le mandarin Yem-Tsé qui prévoit ce qui arrivera [2], prévient le coup.

« Cet homme, dit-il à l'empereur, n'a pas été instruit du motif pour lequel il sera [2] puni; permettez-moi de lui faire connaître ses crimes. — Ne savait-il pas, le misérable! combien il m'offenserait [1] en agissant comme il l'a fait? Ne lui avait-on pas dit combien une telle perte m'irriterait [1]?

— Malheureux! dit le mandarin à l'écuyer, écoute tes crimes, et vois si l'on te punira [2] jamais assez. D'abord, tu as, par ta négligence, laissé mourir le cheval favori de l'empereur sans t'inquiéter de ce qui en arriverait [1]; puis, tu as été cause que notre auguste souverain s'est mis dans une telle colère qu'il a failli te tuer de sa main; enfin tu es cause qu'il a été sur le point de se déshonorer aux yeux de tous, en tuant un homme pour un cheval. Voilà ce que tu as fait, malheureux!

— Ote-toi de mes yeux, » s'écria l'empereur, qui sentit que sa colère reviendrait [1] s'il voyait l'écuyer plus longtemps.

Mais la leçon indirecte du mandarin avait porté. Il ordonna que l'écuyer serait [1] laissé tranquille.

1. 661. — 2. 660.

3. TEMPS DU SUBJONCTIF.

Réponses et éclaircissements.

D. Dans quel cas faut-il mettre le verbe de la proposition incidente au présent du subjonctif? — R. Voir le *Résumé* * 302.

Il y a une faute d'impression au n° 662 : passé *défini*, lisez : passé *indéfini*. Cette faute n'existe pas dans le *Résumé*.

D. Dans quel cas faut-il mettre ce verbe au passé du subjonctif? R. Voir *Résumé* * 303.

Après le *passé indéfini* il faut employer le *passé* du subjonctif toutes les fois que l'action marquée par le second verbe *dure encore* ou s'est prolongée un certain temps (661) :

Quand les Dieux *ont souffert* que Sylla SE SOIT impunément FAIT dictateur dans Rome, ils y ont proscrit la liberté.

MONTESQUIEU.

L'auteur, quoiqu'en dise Vinet (*Chresthomathie*, III) n'aurait pas pu écrire : Les dieux *ont souffert* que Sylla se FÎT impunément, etc., parce qu'au moment où le personnage parle, Sylla est encore vivant.

Boileau a dit comme Montesquieu :

> Ils *ont* bien *ennuyé* le roi, toute la cour
> Sans que le moindre édit *ait*, pour punir leur crime,
> *Retranché* les auteurs ou *supprimé* la rime.

On ne peut employer l'imparfait après un passé indéfini que dans un seul cas, c'est lorsque l'action marquée par le second verbe s'est accomplie une fois et à une certaine époque que l'on précise :

> Dieu *a permis* que les irruptions des Barbares *renversassent* (à cette époque-là) l'empire romain qui s'était agrandi par toutes sortes d'injustices. BOSSUET.

> Il *a suffi* d'un jour pour qu'il PERDÎT les cieux.

Une fois, à une certaine époque : le fait pourrait ne plus exister maintenant. On ferait entendre qu'il existe encore si l'on disait : *qu'il ait perdu*.

Lorsque le fait s'est prolongé, et que les effets s'en font encore sentir, on peut employer le *passé* du subjonctif même après le *passé défini :*

> Cet homme caché dans son désert, enveloppé dans sa vertu, *devient* un des plus nobles instruments dont Dieu se *soit servi* pour faire éclater sa puissance. FLÉCHIER.

Il s'agit de saint Vincent de Paule.

Au contraire, lorsque le fait s'est passé une fois, à une époque déterminée, on peut employer l'*imparfait* du subjonctif même après un *futur* :

> Je ne *nierai* pas qu'il ne FÛT un homme d'un très-grand mérite. BOILEAU.

D. Justifiez par les règles les phrases irrégulières en apparence citées dans la leçon : — R. Dans la citation de Fénelon : .... « Il n'y *a* aucune famille qui ne lui *donnât* tout ce qu'elle a de biens, s'il se trouvait dans une pressante nécessité. » On a mis l'imparfait après le présent, parce qu'il y a une condition exprimée. « Il n'y *a* aucun de ses sujets qui ne *craigne* (le présent après le présent, suivant la règle) de le perdre, et qui ne *hasardât* (l'imparfait, parce qu'il y a une condition sous entendue) sa propre vie pour conserver celle d'un si bon roi » (s'il était nécessaire de la hasarder).

EXERCICE. D. Vérifier dans le récit suivant les règles sur la concordance des temps.

LA FOURMI ET L'ABEILLE.

Le ciel était sombre, le sol noir et dur comme la pierre. Les abeilles avaient bouché tous les trous de leur ruche de peur que le froid n'y PÉNÉTRÂT [1] et elles se tenaient rapprochées pour que la chaleur de chacune PÛT [1] profiter à toutes, lorsqu'un petit bruit se fit entendre à l'entrée :

« Qui est là? — Une sœur. — Quelle sœur? — La fourmi. — Celle qui donna une si dure leçon à la cigale? — Elle-même. Ah! si j'avais prévu qu'un jour J'AURAIS [3] aussi à demander un asile, elle M'AURAIT TROUVÉE [4] plus pitoyable.

— J'aurais aimé en effet que tu te FUSSES ABSTENUE [5] de la railler. Tu avais oublié ce jour-là que, si le second devoir EST [6] de donner un bon conseil aux malheureux, le premier EST [6] de leur donner du pain :

Le plus beau des discours ne vaut pas une aumône.

— J'en conviens. La leçon est bien plus profitable quand elle est accompagnée d'un bienfait. Je ne crois pas cependant que mon tort AIT ÉTÉ [7] aussi grand que vous le prétendez. Mettez-vous à ma place : après avoir bien travaillé, auriez-vous aimé qu'une paresseuse VÎNT [8] partager avec vous le fruit de vos peines? J'avoue cependant que j'aurais dû me montrer plus conciliante. — Tu te repens donc? — J'ai appris à mes dépens que la prévoyance ne SUFFIT [6] pas toujours. — Que t'est-il arrivé? — Le malheur a voulu qu'un faisan se SOIT ÉTABLI [9] dans notre voisinage. C'est un terrible voisin qu'un faisan pour des fourmis! Celui-ci n'a pas eu de repos qu'il N'AIT DÉTRUIT [9] tous nos œufs et dispersé notre fourmilière. Que faire maintenant? Creuser une nouvelle habitation? Impossible : la terre est trop dure. C'est pour cela que je suis venue implorer la pitié d'une travailleuse et d'une architecte comme moi. — Que veux-tu qu'on FASSE [10] pour toi? — J'ai froid et j'ai faim. — C'est la nourriture et le logement que tu réclames? Je ne doute pas que mes sœurs ne me FASSENT [10] toutes sortes d'objections, car tu ne peux pas disconvenir qu'il n'y AIT [10] de très-mauvaises notes sur ton compte à notre police. Si l'on te recevait, il faudrait qu'on FÛT [11] bien sûr que tu n'useras pas de ton dard empoisonné contre nos petits. Quant au miel, nous en avions beaucoup, mais il a fallu payer le terme ; les hommes nous logent, mais pas gratis, et ils exigent que nous ABANDONNIONS [10] la plus belle part de notre récolte pour le loyer de la ruche. Il se passera longtemps avant que le printemps SOIT [12] de retour, et d'ici-là nous serons obligées de vivre maigrement. N'importe, ce que nous avons nous te l'offrons. A Dieu ne plaise que nous T'IMITIONS [13] ! Tu étais riche et tu as repoussé la cigale ; nous sommes pauvres et nous accueillerons la fourmi. »

1. Après le plus-que-parfait ind., l'imparfait du subj., 664. — 2. Après l'imp. ind., l'imp. du subj., 664. — 3. Après le plus-que-parf. ind., le présent du condit., 661. — Le conditionnel passé, parce que l'action est antérieure à : *si j'avais prévu.* — 5. Après le second passé du cond., le plus-que-parf. du subj., 666. — 6. Le fait est vrai au moment où l'on parle, le présent, malgré le plus-que-parf. ou le passé indéf. précédent, 658. — 7. Après le présent ind., le passé du subj., 663. — 8. Après le conditionnel passé, l'imp. du subj., 664. — 9. Après le passé indéfini, le passé du subjonctif, 663. Voir aussi les observations qui précèdent cet exercice. — 10. Après le présent ind., le présent du subj., 662. — 11. Après le cond prés., l'imp. du subj., 664. — 12. Après le futur, le subj. présent, 662. — 13. Après le subj. présent ou l'impératif, le subj. présent, 662.

II. Appliquez dans le récit suivant les règles sur l'emploi du subjonctif et la concordance des temps.

LE MÉDECIN A COUPS DE BATON.

I. Il y avait une fois un bûcheron qui battait sa femme, non qu'il fût [1] méchant, ou qu'il eût [1] de graves reproches à lui faire, mais par désœuvrement et de peur qu'elle ne s'ennuyât [1]. Il s'en fallait que la femme prît [1] la chose du bon côté ; elle avait ces coups-là sur le cœur, et attendait que l'occasion se présentât [1] de se venger et de rendre avec intérêt ce qu'elle avait reçu. Il ne se passa pas longtemps que cette occasion ne s'offrît [1] d'elle-même. Voici à quel propos.

Un jour que son mari était allé couper du bois, non sans qu'il lui eût administré [2] sa correction habituelle, elle s'était mise à filer devant sa porte, lorsqu'elle aperçut deux inconnus qui avaient l'air de chercher quelque chose. « Cherchez-vous un chemin qui conduise [3] à la ville, mes bons Messieurs ? leur demanda-t-elle. — Nous cherchons plutôt un chemin qui conduise [3] chez un bon médecin; il n'y a personne qui aitpu [4] nous renseigner jusqu'ici. Vous n'en connaîtriez pas un, par hasard? — Comment se fait-il que vous n'ayez [5] pas trouvé cela à la ville Il n'y manque pas de médecins cependant. — On les a tous consultés, et il n'y en a pas un qui ait [3] pu guérir notre malade. Nous voudrions rencontrer quelque bon médecin des champs, qui eût reçu [6] par tradition de ces recettes qu'on n'apprend pas dans les écoles. Il n'est pas que vous ne connaissiez [1] quelque personnage de cette espèce. »

La bûcheronne nia d'abord qu'elle connût [11] un tel personnage, puis elle se ravisa. « J'en sais un, dit-elle, qui ferai bien votre affaire, mais c'est le plus drôle de corps dont on ai jamais ouï [12] parler. Il n'y a pas de prodige dont il ne soit [1] capable; mais il faut que la fantaisie lui en vienne [13]. Il suffi qu'on lui dise [14] : Faites cela, pour qu'il ne le fasse [15] pas. Il y a des moments où, pour quoi que ce soit [16], il ne voudra convenir qu'il est médecin; à moins qu'il ne sente [16] sur son dos une bonne volée de coups de bâton, il n'y a rien qui puisse [7] le décider. Le bâton est la seule chose qui le mette [7] à la raison.—C'es bien le plus étrange personnage qui ait jamais exercé [12] la médecine, dit un des inconnus. — Il est encore plus habile homme qu'il n'est étrange, reprit-elle. L'autre jour, un petit garçon tomba du haut d'un arbre sur le pavé... Vous n'êtes pas du pays, n'est-ce pas? — Nous sommes venus de fort loin. — Bon je puis mentir, pensa-t-elle tout bas. Si vous en étiez [17], vous sauriez déjà l'affaire; il n'y a âme vivante qui ne la connaisse à vingt lieues à la ronde. Si bien donc que cet enfant était tombé sur le pavé, il n'en restait que les morceaux; il n'y avai même personne qui osât [12] le regarder. On appelle notre médecin; il lui verse dans la bouche une goutte de je ne sais quelle liqueur. Vous auriez vu aussitôt les bras, les jambes se recoller; un œil qui était sorti du coup va se remettre à sa place Le petit garçon se relève, sourit, et il ne se passe pas trois minutes qu'il ne retourne [7] jouer à la fossette avec ses camarades comme si de rien n'était. »

Les étrangers, ravis d'admiration, demandent qu'on les conduise [18] à cet homme extraordinaire. « Il est impossible que vous ne le trouviez [19] pas tout près d'ici, à l'entrée de la forêt et coupant du bois; car ce n'est pas la moins singulière des manies qu'il a [20], ce savant homme. Si vous lui parlez [21], il répondra fagots, il vous comptera des fagots, et il n'est pas à supposer qu'il convienne [22] de rien avant qu'il ait [23] reçu la bastonnade. — S'il veut absolument qu'on le batte [24], qu'à cela ne tienne [25]! Je m'applaudis que vous nous ayez [25] si bien renseignés. Dieu vous bénisse [25]! — Que Dieu vous le rende [25], Messieurs! »

« Mon mari me bat, pensa-t-elle en les regardant aller, mais il trouvera qui le battra à son tour. Pensera-t-il que c'est [27] aussi agréable d'être battu que de battre soi-même? Si cela pouvait [28] me le corriger! »

Les inconnus s'enfoncent dans le bois, et au bout de quelques minutes ils aperçoivent notre homme coupant des fagots. Ils l'accostent et saluent en lui le médecin le plus étonnant qui ait [29] jamais paru dans le monde. Le bûcheron parle de ses fagots, et quoi qu'on puisse [39] lui dire, il ne sort pas de là. Voyant qu'il n'y a pas d'autre moyen qui réussisse [30], on a recours au bâton : « Avouez que vous êtes médecin, lui crie-t-on à chaque coup.—Et pourquoi voulez-vous que j'en convienne [19], puisque cela n'est pas? » On frappe plus fort. « Enfin, puisque vous y tenez, s'écrie-t-il, je suis médecin, chirurgien, apothicaire, barbier, tout ce qu'il vous plaira. Pour peu que cela vous plaise [30], je serai l'empereur de la Chine; il n'y a rien dont je ne convienne [31], pourvu que vous cessiez [30] de frapper. »

Les inconnus s'arrêtent; ils le prient mille fois qu'il veuille [32] bien les excuser, et ils l'engagent à les suivre. « Où donc? — Chez le roi, dont la fille est malade. Elle s'est mis une arête de poisson dans la gorge, et il n'y a pas de médecin dans tout le royaume qui ait su [29] la guérir. »

Le bûcheron proteste qu'il ne fera pas mieux que les autres, et déclare d'abord qu'il ne veut pas suivre les étrangers. Cependant la crainte que le bâton ne fasse [30] encore son office d'un côté, de l'autre l'attrait d'une bourse qui lui est offerte, le décident enfin à se laisser conduire. « Advienne [25] que pourra, » dit-il; il prend son bâton, et le voilà parti.

1. 651 3°, et 664. — 2. 651 1°, et 664. — 3. 650 3°, et 664. — 4. 647 2°, et 664. — 5. 651 2°, et 664. — 6. 656 et 662. — 7. 655 et 662. — 8. 647 1°, et 662. — 9. 644 1°, et 666. — 10. 650 3°, et 662. — 11. 650 3°, et 664. — 12. 655 et 663. — 13. 644 3°, et 662. — 14. 647 1°, et 662. — 15. 644 1°, et 662. — 16. 651 2°, et 662. — 17. 639, 1°. — 18. 647 2°, 662. — 19. 644 3°, et 662. — 20. 655 et 662. — 21. 639, 3°. — 22. 654 et 662. — 23. 651 2°, et 663. — 24. 644 1° et. 662. — 25. 648. — 26. 647 et 663. — 27. 654 et 662. — 28. 639 1°. — 29. 655 et 663. — 30. 651 et 662. — 31. 650 3°, et 662. — 32. 647 2°, et 662.

APPENDICE AU CHAPITRE V.

VERBES A DEUX AUXILIAIRES.

EXERCICE. Mettre dans le récit suivant l'auxiliaire qui convient.

LE MÉDECIN A COUPS DE BÂTON [1].

II. Transportons-nous au palais du roi, où l'un des messagers lui rend compte de ses recherches.

« Nous sommes restés bien longtemps absents, lui dit-il; mais c'est que nous avons abordé en plusieurs pays avant de trouver l'homme que nous avons amené. Encore ne l'avons-nous découvert que par suite d'un mot qui est échappé à une bonne femme assise à filer devant sa porte, et ce n'est qu'après bien des difficultés qu'il s'est résolu à nous accompagner. Le fait est qu'il n'est parti qu'après avoir été battu ; mais si de ces coups il a résulté pour lui quelque douleur dans les épaules, il en est résulté aussi un grand empressement de sa part à nous être agréable. Il ne s'est cependant décidé tout à fait à venir que lorsque nous sommes convenus de le bien payer de ses peines. »

Le bûcheron n'était pas sans inquiétude à la pensée d'être conduit devant le roi, et s'il avait pu s'échapper, il ne serait pas resté un moment de plus; mais il était soigneusement surveillé, et il lui fallut faire contre fortune bon cœur. Cependant ses craintes eurent bientôt disparu, quand il vit la physionomie bienveillante et même bonasse du souverain. La jeune

1. Les verbes étant disposés par ordre alphabétique, on ne peut éprouver aucun embarras à trouver la règle à appliquer ; et nous ne l'indiquons pas.

malade, qui n'était pas au lit, était aussi accourue pour le voir; il l'interroge sur sa maladie, parle médecine dans une langue qui était inconnue à ses auditeurs et à lui-même, et il ne fût pas sorti sitôt de cette scène, si le roi ne lui eût dit que l'heure d'agir avait sonné, et qu'il fallait procéder à la guérison.

« Eh bien, dit-il, qu'on m'enferme tout seul avec la malade dans une chambre où l'on aura fait grand feu. »

Il fut servi à souhait; il eût bien voulu qu'on eût contrevenu à ses ordres pour obtenir une remise; mais les remises avaient cessé d'être de saison.

Lorsque tout le monde eut disparu, il essaya de faire rire la jeune fille; mais voyant qu'elle était restée de glace à toutes ses grimaces, il se jette par terre devant le feu, et le voilà qui fait tant de mouvements et de contorsions de son corps, que la princesse est prise d'un fou rire; elle se tord à son tour, elle est près de suffoquer, lorsque tout à coup la scène a changé. L'arête s'est échappée du gosier, et la jeune fille est guérie avant que la demi-heure soit sonnée. « Je l'ai échappé belle! pense le bûcheron; mais la victoire m'est demeurée. »

Le roi est appelé. On peut juger de sa joie; à présent que ses inquiétudes sont cessées. Il n'est récompense qu'il ne soit disposé à donner à celui qui a guéri si heureusement une maladie contre laquelle la médecine a échoué. Le médecin voudrait être déjà parti; mais on le retient, on regretterait à jamais qu'il eût disparu si vite de la cour. On le supplia de jouir de sa gloire au moins quelques journées; il consentit à demeurer. Il ne pouvait pas prévoir les ennuis qui allaient résulter pour lui de cette complaisance.

CHAPITRE VI.

PARTICIPES.

I

PARTICIPE PASSÉ SANS AUXILIAIRE. — PARTICIPE PRÉSENT.

EXERCICE. Appliquer les règles aux participes contenus dans les morceaux suivants :

LA NATURE SAUVAGE [1].

1. Voyez ces plages désertes, ces tristes contrées, où l'homme n'a jamais résidé, couvertes ou plutôt hérissées de bois épais et noirs dans toutes les parties élevées ; des arbres sans écorce et sans cime, courbés, rompus, tombant de vétusté ; d'autres, en plus grand nombre, gisant auprès des premiers, pour pourrir sur des monceaux déjà pourris, étouffant, ensevelissant les germes prêts à éclore. La nature, qui partout ailleurs brille par sa jeunesse, paraît ici dans la décrépitude ; la terre, surchargée par le poids, surmontée par les débris de ces productions, n'offre, au lieu d'une verdure florissante, qu'un espace encombré, traversé de vieux arbres chargés de plantes parasites, de lichens serpentants, d'agarics, fruits repoussants de la corruption : dans toutes les parties basses des eaux mortes et croupissantes, faute d'être conduites et dirigées ; des terrains fan-

1. Les règles sont d'une telle simplicité, qu'il nous semble inutile de les indiquer ici.

geux, qui, n'étant ni solides ni liquides, sont inabordables, et demeurent également inutiles aux habitants de la terre et des eaux ; des marécages couverts de plantes aquatiques et fétides, ne nourrissant que des insectes venimeux et servant de repaires aux animaux immondes. Entre ces marais infects qui occupent les lieux bas, et les forêts décrépites qui couvrent les terres élevées, s'étendent des espèces de landes, des savanes qui n'ont rien de commun avec nos prairies : les mauvaises herbes y surmontant, y étouffant les bonnes ; ce n'est point ce gazon fin qui semble faire le duvet de la terre, ce n'est point cette pelouse émaillée et riante qui annonce sa brillante fécondité ; ce sont des végétaux agrestes, des herbes dures, rampantes, épineuses, entrelacées les unes dans les autres, qui semblent moins tenir à la terre qu'elles ne tiennent entre elles, et qui, se desséchant et repoussant successivement les unes sur les autres, forment une bourre grossière, épaisse de plusieurs pieds. Nulle route, nulle communication, nul vestige d'intelligence dans ces lieux sauvages. BUFFON.

II. Faut-il, Abner, faut-il vous rappeler le cours
Des prodiges fameux *accomplis* en nos jours :
Des tyrans d'Israël les célèbres disgrâces,
Et Dieu trouvé fidèle en toutes ses menaces ;
L'impie Achab détruit, et de son sang *trempé*
Le champ que par le meurtre il avoit *usurpé ;*
Près de ce champ fatal Jézabel *immolée ;*
Sous les pieds des chevaux cette reine *foulée ;*
Dans son sang inhumain les chiens *désaltérés,*
Et de son corps hideux les membres *déchirés ;*
Des prophètes menteurs la troupe *confondue,*
Et la flamme du ciel sur l'autel *descendue ;*
Élie aux élémens *parlant* en souverain,
Les cieux par lui *fermés* et *devenus* d'airain,
Et la terre trois ans sans pluie et sans rosée ;
Les morts se *ranimant* à la voix d'Élisée ?
Reconnaissez, Abner, à ces traits *éclatants,*
Un Dieu tel aujourd'hui qu'il fut dans tous les temps.

RACINE.

II

PARTICIPE PASSÉ AVEC AUXILIAIRE.

EXERCICE. I. Expliquer tous les cas de l'accord des participes contenus dans *l'Orage.*

L'ORAGE.

« Enfin, c'est toi ! Te voilà *revenue* [1] !
Tout le monde est *rentré* [2] déjà depuis longtemps.
D'où viens-tu ? qui t'a *retenue* [3] ?
Quand la foudre grondait, quand la pluie à torrents
S'échappait du sein de la nue,
Que faisais-tu, seule, au milieu des champs ?
A l'orage on pouvait s'attendre ;
Les chaleurs qu'il a *fait* [4] auraient *dû* [5] t'avertir ;
Comment t'es-tu *laissé* [6] surprendre ?
Qui t'empêchait de revenir ?
—Chère maman, pardon, je suis *brisée* [7] !
L'heure que j'ai *couru* [8] n'a semblé qu'un moment ;
Je voulais, avant tout, te voir *tranquillisée* [9] !...
— Remets-toi donc ! change de vêtement ;
Le tien ruisselle ! — En effet. — Pauvre enfant !
Que d'angoisse tu m'as *causée* [10] !
Tiens, prends ces habits secs, et puis, dis-moi pourquoi
Tu ne rentres qu'à la nuit noire ?
T'est-il donc *arrivé* [11] quelque fâcheuse histoire ?
— Rien de fâcheux ni pour toi, ni pour moi.
La tempête ce soir ne m'aurait pas *surprise* [12] :
Je l'ai *vue* [13] approcher et j'accourais vers toi,
Lorsque, dans le chemin qui conduit à l'église,
Un accident bien imprévu
A *causé* [14] les retards qui t'ont *inquiétée* [15],
Retards beaucoup plus longs que je ne l'aurais *cru* [16]....
Pour regagner le temps *perdu* [17],
J'ai fait les efforts que j'ai *pu* [18]....
Mon grand tort, mon seul tort c'est de m'être *arrêtée* [19].
Mais toi-même, à ma place, en aurais *fait* [20] autant.
Tu connais bien la vieille Catherine :
Son bâton à la main, elle longeait l'étang ;
Tout à coup elle tombe.... au bord.... mais, imagine !

Un caillou l'avait *fait*[21] glisser : en se levant
Elle pouvait rouler au fond !... Dis-moi, vraiment,
Pouvais-je la laisser ?... La pluie était *venue*[22],
Le tonnerre grondait. Que serait *devenue*[23]
La pauvre vieille ainsi sous l'orage et le vent ?...
Elle s'était *blessée*[24] au genou dans sa chute....
Nous nous sommes *donné*[25] la main,
Et je l'ai *reconduite*[26] au village voisin ;
Il tonnait à grand bruit, mais pendant le chemin,
Vrai ! je n'ai pas eu peur une seule minute !...
Je la mène chez elle ; on allume un grand feu.
Catherine s'est *vue* et *séchée*.... et *grondée*[27] ;
« Sortir d'un temps pareil !... si vieille ! et sous l'ondée ! »
Elle le méritait un peu....
On voulait me garder à cause de l'orage,
Car il pleuvait toujours. « Non, ma mère m'attend, »
Ai-je dit, sans vouloir écouter davantage
Et je suis *sortie*[28] en courant.
J'avais bien un peu peur dans la route, pourtant !
Mais en pensant à toi, je reprenais courage ;
Ne me gronde pas trop, maman ; je t'aime tant ! »

Sa mère sans répondre entre ses bras la presse,
Et des pleurs de bonheur, de maternelle ivresse,
Tombent silencieux sur le front de l'enfant.

1. Accord avec *te*, placé avant. — 2. Accord avec *monde*, placé avant. — 3. Accord avec *t'*, placé avant. — 4. Il n'y a pas eu de chaleurs *faites* par quelqu'un ; pas d'accord (681). — 5. Le mot qualifié (*t'avertir*) est placé après — 6. Tu t'es laissé *être surprise*, pas d'accord (686). — 7. Accord avec *je*, placé avant. — 8. Il n'y a pas d'heure *courue*; pas d'accord (680). — 9. Accord avec *te*, qui précède. — 10. Accord avec *angoisse*, qui précède (683). — 11. Le mot qualifié (*quelque fâcheuse histoire*) est placé après; pas d'accord (681). — 12. Accord avec *m'*, qui précède. — 13. Je l'ai vue *approchant* : accord avec *l'* pour *la* (686 et s.). — 14. Le mot qualifié (*retards*) est après; pas d'accord. — 15. Accord avec *t'*, placé avant. — 16. Accord avec *l'* représentant *cela*. — 17. Accord avec *temps*. — 18. Le mot qualifié (*faire*) est sous-entendu et serait après ; pas d'accord (679). — 19. Accord avec *m'*, qui précède. — 20. Le mot qualifié est *en*, masculin singulier (683). — 21. *Fait* suivi d'un infinitif; pas d'accord (685). — 22. Accord avec *la pluie*, qui précède. — 23. Accord avec le sujet (*la pauvre vieille*), bien qu'il soit placé après (689). — 24. Accord avec *s'*, placé avant. — 25. Le mot qualifié (*main*) est placé après ; pas d'accord. — 26. Acord avec *l'*, qui précède. — 27. Accord avec *s'*, qui précède. — 28. Accord avec *je*, qui précède Nous n'avons indiqué le numéro que pour les cas qui offrent quelques difficultés.

II. Appliquer les règles ci-dessus aux participes compris dans les morceaux suivants.

Nous n'indiquons la règle que dans les cas difficiles.

I. LE MÉDECIN A COUPS DE BÂTON.

III. La guérison de la fille du roi fut bientôt connue et célébrée dans tout le royaume. La réputation que cette cure avait méritée au bûcheron lui valut une foule de consultations et de propositions. Autant de demandes lui étaient adressées, autant il y en avait d'éludées ; les requêtes furent alors dirigées vers le roi lui-même : on le suppliait de ne pas permettre que ses sujets fussent privés de soins qu'il avait reconnus si efficaces. Ces requêtes, il les transmit au bûcheron aussitôt qu'il les eut reçues, et elles devinrent nécessairement des ordres pour lui.

« Eh bien, soit, dit-il au roi ; on ne dira pas que je n'aurai pas pris toutes les peines que j'aurai pu[1] pour vous être agréable. Je ne veux pas que plus tard on prétende que si je n'ai pas fait toutes les choses que j'ai dû[1], ce n'est pas parce que je ne les aurai pas voulu[1] faire. Seulement, avant que j'entreprenne rien, veuillez me dire si vous avez exaucé la prière que je vous ai adressée une fois déjà. Apprenez à vos sujets que nous nous sommes imposé mutuellement des conditions, que nous nous sommes engagés réciproquement, moi à guérir en une fois tous les malades qu'on m'aura amenés, vous à me laisser partir aussitôt que cette condition sera remplie. — Accepté, dit le roi. » Et il ordonna que tous ceux que l'on avait recommandés aux soins de son médecin seraient apportés dans une grande salle du palais, et que ceux que le susdit médecin aurait guéris, ou qui se seraient reconnus tels, seraient reconduits chez eux, sans que d'autres soins pussent être réclamés pour eux dans la suite.

A peine cette annonce fut-elle connue, que le bûcheron vit apporter dans la salle tous les malades dont il avait éludé les demandes.

Quand il fut constaté que tous ceux qui l'avaient voulu avaient été accueillis, un grand feu fut allumé dans la vaste cheminée, et le bûcheron se rendit au milieu d'eux.

Les choses s'étaient heureusement arrangées une première

1. 679. — 2. 678.

fois : se trouverait-il aussi bien inspiré en cette circonstance plus difficile ? Telle était la question qu'il s'était posée en passant le seuil. Après qu'il eut bien regardé tous ses clients, il leur fit tirer la langue et la remettre tous à la fois à un signal donné ; puis, s'étant recueilli un moment :

« Je vois, leur dit-il, quelle maladie Dieu vous a envoyée ; votre situation à tous est très-grave, mais non désespérée. Il faut bénir le ciel qu'il vous ait rassemblés ici, car je puis vous guérir tous d'un seul coup, sans que votre santé soit achetée trop cher. Dans la situation où vous êtes, il n'y a qu'une seule voie de guérison, mais elle est infaillible, et le feu que l'on a allumé ici nous permettra de la voir employée à la minute. Il faut que le plus malade d'entre vous se dévoue pour le bien général. On va le jeter dans ce foyer ; pour que sa chair soit réduite en cendres, il suffira d'un instant. Ces cendres, qu'on aura recueillies, seront délayées dans une petite quantité d'eau ; chacun en boira quelques gouttes, et la santé lui sera rendue comme par enchantement. Vous avez compris ? »

On n'avait que trop bien compris. Aussi personne ne répondit ; des frissons de terreur s'étaient emparés de toute l'assemblée. Le peu de forces que chacun avait conservées s'étaient réveillées à la pensée du danger et en présence du brasier.

« Voyons, reprit le bûcheron, un peu de courage ! C'est au plus malade à donner sa vie pour ses frères. Ce ne sera pas aujourd'hui la première fois que de nobles cœurs se seront dévoués pour le bien de tous. L'histoire nous en fournit des exemples que je pourrais vous citer, — si je les avais jamais sus, pensa-t-il tout bas. »

Personne ne se décidant, le médecin procéda à l'interrogatoire ; mais ceux qui, un moment auparavant, s'étaient donnés pour les plus souffrants, assurèrent qu'ils avaient éprouvé une crise qui les avait guéris. De sorte que, l'interrogatoire terminé, personne n'était plus malade. « Ainsi, vous êtes tous guéris ? demanda le médecin. — Tous ! lui fut-il répondu d'une voix formidable, tant la peur avait rendu de vigueur aux plus affaiblis. — Si tous se portent bien, ma tâche est remplie. »

Il fait ouvrir les portes. Les malades interrogés déclarent tous qu'ils sont en parfaite santé, et ils sont reportés chez eux. La farce était jouée.

Le roi, ravi d'une cure aussi merveilleuse que rapide, voulait encore retenir le bûcheron; mais celui-ci réclama l'exécution de la promesse qu'on lui avait faite : la permission de partir lui fut accordée, à sa grande satisfaction, et à celle des malades, qui, étant retournés chez eux, avaient décidément peu de goût pour les procédés qu'il avait voulu employer à leur guérison.

Le médecin à coups de bâton revint donc chez lui comblé de richesses acquises sans trop de peine.

Sa femme ne le querella plus, et elle ne fut plus battue, même après lui avoir confessé que c'était en voulant tirer vengeance des coups reçus de lui, qu'elle l'avait mis sur la voie de la fortune.

III. L'AUTOMNE.

Les jours deviennent de plus en plus courts; les chaleurs qu'il a fait [1] pendant longtemps, les orages qu'il y a eu [1] chaque jour pendant près d'un mois, se sont enfin calmés, et les belles journées sont même revenues plus promptement qu'on ne l'aurait prévu [2]. L'ombre des arbres que nous avons vue si courte, s'allonge vers le soir en fantômes gigantesques. Les fleurs, que nous avions vues [3] croître et s'épanouir, se sont fanées, et leurs graines chargées d'aigrettes, que les vents ont dispersées, se sont déjà semées pour l'année qui va suivre. Dans les prés que les rosées d'automne ont abondamment pénétrés, le colchique étale presque seul sa longue et frêle corolle lilas, qui n'est protégée par aucune feuille. Après quelques jours, la fleur solitaire que les vents auront fanée, rentrera sous la terre, et en ressortira au printemps prochain, sous la forme d'une graine entourée d'un épais feuillage.

Les oiseaux de passage nous ont déjà quittés. Pendant quelques jours les hirondelles ont circulé en longues bandes, appelant leurs compagnes isolées. Dès qu'elles se sont vues toutes rassemblées, leur troupe bruyante est partie pour des climats plus chauds. Le peu d'entre elles qui sont restées [4] auront à souffrir cruellement, par suite du peu de vivres qui leur sera laissé[4]. Les arbres que les vents ont déjà dépouillés d'une partie de leurs feuilles, se sont revêtus des livrées de l'automne. Le soleil couchant, lorsqu'il les a atteints de ses rayons, s'y joue en reflets pourpres et dorés, à la fois riches et mélancoliques. Les sentiers que leurs débris ont déjà jonchés, ont quelque chose de plus rêveur. Le chant même des oiseaux qui nous ont si longtemps égayés n'a plus que des notes attristées.

Écoutez ces sons funèbres que l'écho nous a apportés. Au moment où les feuilles qu'octobre a abattues couvrent les sentiers, l'Église s'occupe aussi de ceux que la mort a moissonnés dans le cours de l'année; aux sifflements du vent dans les forêts, dans les feuillages desséchés, elle mêle le chant de ces hymnes grandioses et terribles qu'elle a consacrés aux pensées de la mort et de l'éternité.

Mais tout n'est pas deuil, cependant : des cris de joie se sont fait entendre dans les champs. Ce sont les moissonneurs récoltant les sarrazins qu'ils ont tardivement semés. Ils se sont réunis en troupes joyeuses. Les uns battent les javelles que d'autres ont recueillies; quelques-uns font des monceaux de la paille qu'on a dépouillée de ses grains, y mettent le feu, et dansent alentour en poussant des cris de joie.

1. 681. — 2. 678. — 3. 686. — 4. 690.

IV. L'ABEILLE.

« D'où sont *venus*[1] ces insectes ailés
« Que dans leurs nids a *réveillés* l'aurore,
« Et qui butinent, *rassemblés*,
« Les fleurs que le printemps a partout *fait*[2] éclore?
« Où s'étaient-ils *cachés*? Quel lieu les recélait?
« J'*en* ai *cherché*[3] vainement hier encore. »

Tout en parlant ainsi, Charlotte poursuivait
Une abeille qui voltigeait
Du lis au phlox et du thym au muguet....
Elle l'a *prise* enfin; curieuse elle explore
La bouche qui contient une douce liqueur,
Le ventre où la cire est *fixée*,
Et chaque patte *tapissée*

Du frais pollen recueilli dans la fleur.
Si l'abeille avait pu lire en ce jeune cœur,
Elle eût *souri*, bien loin d'être *offensée :*
« Les mauvais temps qu'il a *fait*[4] ce matin
« Ne l'ont pas, disait-elle, *arrêtée* en chemin !
« Que de fleurs elle a *visitées*[5] !
« Que de travaux il a *fallu*[6]
« Pour extraire ce suc au fond des fleurs *perdu !*
Que de peines déjà ces produits ont *coûtées*[7]*!*
« Combien d'heures elle a *couru*[8] !
« Si sa récolte est encor si petite,
« Il ne faut pas ravaler son mérite :
« Elle a bien *pris* tous les soins qu'elle a *pu*[9] ;
« Elle sait son métier ! Et vraiment sa conduite
« Était autre parfois que je ne l'aurais *cru*[10] !
« Je l'ai *vue* éviter la rose fraîche et tendre
« Qui l'appelait par son odeur ;
« Puis un moment après elle s'est *laissé*[11] prendre
« Aux charmes d'un pavot en fleur.
« Qu'y cherchait-elle ? un peu de cire. »

Mais pendant que l'enfant l'admire,
L'insecte prisonnier, qui n'a pas *deviné*
Le tendre intérêt qu'il inspire,
A la prison se juge *condamné*,
Et dans la main qui tremble de lui nuire,
Pour se venger, enfonce un dard *envenimé*.
Charlotte ouvre les doigts et l'abeille est *partie.*

L'enfant fut imprudente et souffre avec raison ;
Mais l'insecte qui l'a *punie*,
Qui s'est *ri*[12] de la loi pour sa race *établie*[13],
L'abeille est-elle heureuse ? — Non.
Elle plane un moment, puis retombe *affaiblie :*
Avec son aiguillon, toute sa force a *fui ;*
D'un prompt trépas sa vengeance est *suivie.*

Quand on se venge on fait le mal d'autrui,
Mais on empoisonne sa vie.

1. 689. — 2. 685. — 3. 683. — 4. 681. — 5. 676. — 6. 681. — 7. 684. — 8. 680. — 9. 679. — 10. 686. — 11. 687. — 12. 667. — 13. Les abeilles, quand elles piquent, laissent dans la piqûre leur aiguillon, barbelé comme une flèche, et elles meurent un moment après. La même abeille ne pique donc pas deux fois. Quand on est piqué par une abeille, il ne faut pas retirer l'aiguillon en le prenant par le bout resté dehors. En pinçant cette partie de l'aiguillon, qui est creux, on fait pénétrer une plus grande quantité de venin dans la plaie. Il faut, au contraire, appuyer sur la piqûre en repoussant le venin et le bout de l'aiguillon resté en dehors de la blessure.

CHAPITRE VII.

ADVERBES.

I

OBSERVATIONS SUR QUELQUES ADVERBES.

Les phrases des *Bons amis*, qui se rapportent à cette leçon, répondent aux renvois 2, 6, 7, 8 et 9.

EXERCICE. Appliquer les règles sur l'adverbe aux mots soulignés dans le récit suivant.

CHARBONNIER EST MAÎTRE CHEZ LUI.

Henri IV s'étant égaré à la chasse entra dans la cabane d'un charbonnier. Sa toilette était si négligée[1], suivant son habitude, qu'on ne soupçonna en aucune façon qui il était. Il demanda à se reposer le reste de la nuit et à souper tout de suite[2], si cela se pouvait. L'asile est accordé, mais, pour le souper, il faut attendre le retour du mari. Enfin celui-ci paraît, et voyant un étranger, il s'excuse de n'être pas venu plus tôt[3].

« Ah ça, vous soupez avec nous, n'est-ce pas? — Volontiers. J'ai grand'faim et grand'soif[4]. — Dame! vous ferez maigre chère: nous ne sommes pas riches. Sans les impôts on pourrait se donner plus[5] de douceurs, mais l'État est sans pitié pour les pauvres gens. »

Henri essaye de lui faire comprendre que sans les impôts les choses iraient bien pis[6], puisqu'on ne pourrait payer la police qui protége les gens paisibles.

« Ah oui! elle en fait de belles! elle ne permet pas seulement à un pauvre diable comme moi, qui voit les lièvres partir tout à coup[1] sous ses pieds, d'en tuer un de temps à autre pour son souper.... Tiens! c'est vous qui avez ma chaise! Vous auriez dû me la donner plus tôt[2]; vous voyez bien que je suis le plus fatigué des deux. »

Le roi donne sa chaise et va chercher un banc qu'il porte près du feu. « Laissez-moi plutôt[3] me mettre à cette place, dit le charbonnier. Je suis mouillé, j'ai besoin de me sécher. Excusez-moi, je vous en prie. — C'est trop juste, dit le roi en se plaçant plus loin, charbonnier est maître chez lui.

— Convenez que si j'avais tué un lièvre sur la chasse du roi, vous ne vous en trouveriez pas pis[6], hein? » Le roi en convint.

« Tenez, dit le charbonnier en se levant tout à coup[7], vous êtes un brave homme. Vous n'en direz rien au roi, ni surtout à ses seigneurs que je crains bien plus[5], et nous mangerons le lièvre. Arrange-nous ça, ma femme, ajouta-t-il en tirant un lièvre de l'armoire. En attendant, nous boirons un coup à la santé du roi que nous aimons tant[4]. » Henri vida tout d'un coup[7] le verre de piquette qu'on lui tendait; on causa amicalement; puis le souper fut très-gai, et Henri en sortant de table, alla se coucher sur un lit de feuilles sèches.

Qui fut surpris le lendemain? Ce fut le charbonnier, quand il sut que celui qu'il avait traité si[1] cavalièrement était le roi luimême. Inutile d'ajouter que le roi le récompensa généreusement de son hospitalité.

1. 707. — 2. 709. — 3. 704. — 4. 708. — 5. 705. — 6. 706. — 7. 710.

II

AFFIRMATION ET NÉGATION.

1. NE PAS, NE POINT, JAMAIS, etc.
2. NE seul.

Les phrases des *Bons amis* qui se rapportent à cette leçon portent les renvois 1, 4 et 10.

EXERCICE. Appliquez, dans le morceau suivant, les règles sur les affirmations et les négations.

FRAGMENT DE DIALOGUE.

« Eh bien, vous l'avez entendu ? — Oui [1].

— Et cela ne vous a pas indigné ? — Si [1] !

— Ne voyez-vous pas plus clair dans l'affaire? — Je n'y vois toujours goutte [2].

— Mais niez-vous le fait ? — Je ne puis [3].

— Comment l'expliquez-vous ? — Je ne sais [3].

— Pourquoi ne dites-vous pas tout haut votre avis ? — Je n'ose [3].

— Me blâmez-vous enfin ? — Je n'ai [3] garde.

— Que n'agissez-vous alors ? Je ne saurais [4]. Je ne cesse [3] de vous le dire.

— Enfin, voilà une demi-phrase ! Vous me faites rire avec vos réponses laconiques, moi qui ne ris guère [2]. Ainsi vous n'avez [2] rien dit ? — Rien.

— Vous n'en avez [2] parlé à personne?

— A qui que ce soit [2].

— Au reste, dans cette ville, vous ne connaissez [2] personne ?

— Ame qui vive.

— Allons, ceux qui diront que vous êtes un bavard, mentiront.

— Aucun, nul ne le dira [2].

— Il y a longtemps que je ne vous avais [4] vu ainsi ; mais je vous le répète encore une fois ; si vous n'agissez [3] comme je vous l'ai dit, vous aurez affaire à moi. — Compris.

1. 711. — 2. 712, 713. — 3. 716. — 4. 715.

III

NE DANS UNE PROPOSITION INCIDENTE.

1. NE après les comparatifs.

Faire, pour cette leçon, les trois premières questions, p. 218.
Les phrases des *Bons amis*, qui se rapportent à cette leçon, renvoient aux nos 3 et 5.

DICTÉE.

On laissera aux élèves, en dictant, le choix entre la phrase avec négation ou sans négation. Ce qui suit est le corrigé.

1. Depuis l'invention de la poudre, les batailles sont moins sanglantes qu'elles ne l'étaient. MONTESQUIEU.

2. Les cent portes (de Thèbes, en Égypte), chantées par Homère, sont connues de tout le monde ; elle n'était pas moins peuplée qu'elle était vaste. BOSSUET.

3. Nous sommes plus riches que nous ne pensons. Mais on nous dresse à l'emprunt et à la quête. J. J. ROUSSEAU.

4. Je m'abhorre encor plus que tu ne me détestes. J. RACINE.

5. L'homme se fait plus de maux à lui-même que ne lui en fait la nature. MARMONTEL.

6. Les pauvres sont moins souvent malades faute de nourriture, que les riches ne le sont pour en prendre trop. FÉNELON.

7. Les rochers de Thrace et de Thessalie ne sont pas plus sourds ni plus insensibles aux plaintes des désespérés que Télémaque l'était à toutes ses offres. ID.

8. On voyait au bord de la mer le soleil se coucher dans une pourpre plus splendide que ne l'a jamais été celle des rois. A. KARR.

9. Un général d'armée n'emploie pas plus d'attention à placer sa droite ou son corps de réserve qu'elle en met à poser une mouche. MONTESQUIEU.

Il s'agit d'une dame à sa toilette, au XVIIIe siècle.

10. Ce fait ne sera pas plus vrai dans dix ans qu'il ne l'est aujourd'hui (719, à la fin).

Il *n'est pas* vrai aujourd'hui et il *ne* le sera *pas* dans dix ans.

2. NE après les verbes.

Les questions de la page 218 se rapportent à cette leçon, excepté les trois premières et les six dernières.

Les phrases des *Bons amis*, auxquelles s'appliquent ces règles, portent les numéros de renvoi 11, 12, 13, 14, 18 et 20.

DICTÉE.

1. Vous ne sauriez nier qu'un homme n'apprenne bien des choses quand il voyage. FÉNELON.

2. (Personne) ne doute aujourd'hui que la mer n'ait couvert la plus grande partie de la terre habitée. D'ALEMBERT.

3. Quoi! dans mon désespoir trouvez-vous tant de charmes?
Craignez-vous que mes yeux versent trop peu de larmes.
(720, I, 2). J. RACINE.

4. La même justesse d'esprit qui nous fait écrire de bonnes choses, nous fait appréhender qu'elles ne le soient pas assez pour mériter d'être lues. LA BRUYÈRE.

5. Peu s'en faut que Mathan ne m'ait nommé son père. J. RACINE.

6. Que toute la terre s'arme contre la vérité, on n'empêchera pas qu'elle ne triomphe (724, excep.).

7. Craignez, seigneur, craignez que le ciel rigoureux
Ne vous haïsse assez pour exaucer vos vœux. J. RACINE.

8. Peut-on craindre que la terre manque aux hommes?
FÉNELON.

9. Quoi! fille de David, vous parlez à ce traître!
Vous souffrez qu'il vous parle! Et vous ne craignez pas
Que du fond de l'abîme entr'ouvert sous ses pas,
Il ne sorte à l'instant des feux qui vous embrasent,
Ou qu'en tombant sur lui, ces murs ne vous écrasent.
J. RACINE.

10. Attila [1], qui ne doutait pas que les ennemis ne l'attaquassent de nouveau dès que les ténèbres seraient dissipées, fut bien surpris lorsqu'au point du jour il ne vit plus d'ennemis.

3. NE après les conjonctions.

Les deux dernières questions (p. 218) se rapportent à cette leçon, ainsi que les phrases des *Bons amis* qui renvoient aux notes 15 et 19.

DICTÉE SUR L'EMPLOI DE LA NÉGATION *ne*.

1. Des puissances établies par le commerce s'élèvent peu à peu et sans que personne s'en aperçoive. MONTESQUIEU.

2. Il fut des citoyens avant qu'il fût des maîtres. VOLTAIRE.

3. Il est aussi facile de se tromper soi-même qu'il est difficile de tromper les autres sans qu'ils s'en aperçoivent. LA ROCHEFOUCAULD.

4. Car que faire en un gîte à moins que l'on ne songe? LA FONTAINE.

5. Il faut jouir de la fortune avec modération de peur que la perte des richesses ne nous devienne trop pénible.

6. Le glouton suit l'isatis [2] à la chasse et souvent lui enlève sa proie avant qu'il ne l'ait entamée (728). BUFFON.

7. Le Celte dit que ses ancêtres avaient quelquefois mangé des hommes, mais que cela n'empêchait pas qu'on ne dût avoir beaucoup de respect pour ceux de sa nation. VOLTAIRE.

8. Il faut souvent moins de courage pour se corriger de ses défauts qu'il n'en faut pour les avouer.

9. Jamais père ne fut plus heureux que vous l'êtes. RACINE.

10. Craignez que la mort ne vous surprenne avant que vous n'ayez pu exécuter vos promesses.

EXERCICE SUR LES NÉGATIONS.

Les verbes auxquels la négation *peut* s'appliquer sont en italiques ; les élèves décideront ceux auxquels elle *doit* s'appliquer.

1. Après la bataille des Champs Catalauniques (451), gagnée par les Romains, Mérovée, roi des Francs, et Théodoric, roi des Visigoths. — 2. L'*isatis* ou renard bleu, habite la Sibérie; il est plus petit que le renard commun ; sa fourrure est très-recherchée.

CONSEILS PATERNELS.

Tu vas entrer dans le monde, mon fils. Laisse-moi te donner quelques conseils qui pourront t'être utiles.

Ne montre pas que tu as trop bonne opinion de toi, de peur qu'on ne veuille[1] t'en faire rabattre; mais ne te ravale pas trop non plus de peur qu'on ne te prenne[1] au mot. Souviens-toi de Philopémen cassant du bois.

Ne dis jamais[2] du mal d'autrui à moins que tu n'aies[1] à défendre ton honneur compromis. Nous ne médisons jamais d'autrui, qu'on ne nous le rende[1]. Quelquefois aussi, il faut bien l'avouer, on est en butte à la calomnie, sans qu'on l'ait mérité.

Ne donne pas ton cœur à tout venant, mais ne te tiens pas non plus trop en garde contre tes sentiments. Somme toute, il y a par le monde plus de bonté qu'il n'y a[3] de méchanceté; mais il y a aussi beaucoup moins de gens de cœur qu'il n'y a[3] d'âmes flottantes qui peuvent faire le bien ou le mal, selon le bras qui les dirige. Ne te laisse pas tromper par les apparences. En observant de plus près, on reconnaît souvent que les personnes sont tout autres qu'on ne les avait[3] jugées d'abord.

Mets de la franchise dans tous tes actes; prends garde qu'on ne dise[4] que tu as dissimulé; crains qu'on ne t'accuse[4] de ruse ou d'arrière-pensée. Tu ne trouverais que la méfiance autour de toi, et qu'y a-t-il de plus pénible que de sentir tous les cœurs se fermer à votre approche? Aime le grand jour, au contraire. Ne crains pas qu'on sache[4] tes actions; n'évite pas que l'on connaisse[4] les voies où tu veux t'engager. La ligne droite est non-seulement le plus court chemin pour arriver à son but; c'est souvent aussi le meilleur.

Crains-tu que les méchants n'abusent[5] de ta bonne foi? Tiens-les à distance. Choisis tes amis pour n'avoir pas à t'en défier et traites-les en amis. Craindrais-tu que ta bonté tombât[6] sur des indignes? Peut-être, diras-tu. Eh! qu'importe après tout? Être aimé, être loué, ce n'est pas cela qui rend le plus heureux, c'est d'aimer soi-même. Aimer, c'est être utile à soi, a dit un grand poëte.

Cela n'empêche pas sans doute qu'on ne[7] doive prendre ses

précautions pour ne pas être dupe, mais cela empêche qu'on soit dur de cœur, ce qui est le plus grand malheur qui puisse arriver.

On se trouve parfois entre deux rôles, celui de dupe et celui de fripon. Nul ne conteste que l'un ne soit[8] plus honorable que l'autre, mais on doute que le plus honorable soit[9] le plus utile à la fortune. C'est là mal poser la question. C'est au bonheur qu'il faut viser. Eh bien, nie-t-on qu'on puisse[9] être heureux sans une bonne conscience? Non. Et d'un autre côté, nierait-on qu'on ne puisse[8] être heureux sans de grandes richesses? Ici l'on aurait tort. La misère est horrible sans doute; mais il est très-rare qu'on ne puisse[10] se préserver de l'extrême misère, sans que l'honneur ait[1] à en souffrir, et la misère étant laissée en dehors, quand il ne s'agit plus que du plus ou du moins, c'est notre caractère qui décide de notre bonheur ou de notre malheur. Il ne tient pas à nous que nous ayons[11] la santé; mais il tient beaucoup à nous que nous soyons[9] heureux dans notre situation :

On est riche des biens dont on peut se passer.

1. 727. — 2. 712, 713. — 3. 718. — 4. 720. — 5. 720, II. — 6. 720, I. — 7. 724, fin. — 8. 723, I. — 9. 723, II. — 10. 716.

11. Il y a une différence entre : « Il ne tient pas à nous que nous *n'*ayons la santé, » et « il ne tient pas à nous que nous *ayons* la santé. » La première phrase signifie : « Nous faisons tout ce qui est en nous pour avoir la santé ; si nous ne l'avons pas, ce n'est pas notre faute. » La seconde veut dire : « que la santé, en général, ne dépend pas de nous, et que c'est Dieu seul qui la donne. C'est le sens de la phrase des *Conseils paternels*.

EXERCICE SUR TOUTES LES DIFFICULTÉS RELATIVES A L'ADVERBE.

Voir comment les règles de ce chapitre sont appliquées dans le dialogue suivant :

LES BONS AMIS.

André, Pierre, Louis et Nicolas.

PIERRE. Eh ! c'est ce cher André ! Que deviens-tu donc qu'on *ne* te voit[1] plus ? Il y a un siècle qu'on *ne* t'a rencontré[1] !

LOUIS *tenant la main d'André. Que* je suis donc content[2] de te voir !

NICOLAS, *de même.* Si quelqu'un prétend qu'il t'aime *mieux* que je *ne* le fais[3], tu peux lui dire qu'il est un menteur.

PIERRE. Ce brave André ! qui *ne* l'aimerait [4] ? Y a-t-il au monde un meilleur ami que lui ?

ANDRÉ. Je suis bien sensible à votre amitié, mes bons amis. Croyez du reste que je *ne* ferais *pas moins* pour vous *que* vous *n*'êtes disposés [5] à faire pour moi.

LOUIS. Tu nous as bien prouvé ce que tu sais faire. Aussi, qu'il t'arrive un malheur, et tu verras si nous parlons *autrement* que nous *ne* le *faisons* [3].

NICOLAS. Oui, c'est dans le malheur qu'on connaît ses amis.

ANDRÉ. Je suis d'autant plus touché de votre amitié que je viens vous en demander une preuve.

— La physionomie des trois amis devient plus soucieuse. —

LOUIS. Que *ne* parlais-tu [1] *plus tôt* [6] ?

NICOLAS. Pourquoi ne nous avoir pas dit cela *tout de suite* [7] ?

ANDRÉ. *Depuis* que je *ne* vous ai vus [1], il m'est arrivé un grand malheur.

PIERRE. Comment ? la maladie se serait-elle mise sur tes bestiaux ?

ANDRÉ. Si ce n'était que cela, je ne m'en inquiéterais pas *davantage* [8]. Que n'ai-je *plutôt* [6] perdu tout mon bétail !

LOUIS. Comment c'est un malheur *pire* [9] que la perte de tes bestiaux ?

ANDRÉ. Oui, c'est bien *pis* [9]. Je suis ruiné.

— Leur physionomie devient de plus en plus froide. —

Tous trois. Ruiné !

ANDRÉ. Oui ; des voleurs se sont introduits dans ma ferme ; ils ont détruit et pillé tout ce qu'ils ont trouvé, y compris l'argent. Il *ne* me reste *rien* [10] !

NICOLAS, *après une pause*. Eh bien, cela ne m'étonne pas, puisqu'il faut te le dire.

ANDRÉ. Pourquoi donc ?

NICOLAS. Il *s'en faut* que je *t'accuse* [11]. Le moment serait mal choisi, d'ailleurs. Mais tu allais bavardant à tout le monde que tu avais de l'argent. Tu *ne peux nier* que ce *ne* fût [12] là une maladresse. Il faut toujours *prendre garde* que les autres *ne* connaissent [13] notre fortune, cela tente les voleurs. Toi, au contraire, tu semblais *craindre* que les voleurs *ne* sussent *pas* [14] qu'il y avait un bon coup à faire chez toi.

LOUIS. Que l'on tente ou non les voleurs, ce *n*'est *rien* [11]. Ce qui est beaucoup plus important, c'est de ne pas demeurer dans un endroit isolé. Je n'ai jamais passé devant ta ferme *que* je *ne* me sois dit [15] : C'est un vrai coupe-gorge. C'est la première fois qu'on te vole, mais ce ne sera pas la dernière, à *moins que* tu *ne* bâtisses [15] ailleurs. Rien n'*empêchera* qu'on te *dévalise* [10] encore, si tu t'obstines à rester là.

ANDRÉ. Pour m'établir ailleurs, il faudrait de l'argent, et j'a compté....

PIERRE, *l'interrompant*. Je *ne disconviens pas* qu'il *ne* soit [12] bor de t'établir dans un endroit moins isolé ; mais je *conteste* que ce soit [13] là le plus important, et j'*ai grand'peur* que cette précautior *ne* suffise pas [17]. Dites-moi, camarades, *craignez-vous* qu'il *pénètre* [1] des voleurs chez vous ? Peut-être. Pour mon compte, je *n'ai pas peur* qu'il en *vienne* [19] chez moi. Qu'importe que la maison soit isolée ou non, si elle est bien gardée, si *avant qu'*on *puisse* [20] la dévaliser, le maître est averti de se mettre en garde ? Un bon chien comme le mien, voilà ce qu'il te faut. Un chien *défend* qu'on *approche* [11] de la maison ; il écarte le danger d'avance. Eh bien, il *tient* à toi que tu en *aies* [12] un excellent. Ma chienne a des petits depuis deux jours. Viens faire ton choix *avant qu'*on *ne* les noie [19] ; car on pourrait bien les noyer si tu n'en voulais pas. Tu vois comme j'agis envers toi, mon pauvre ami. Il *ne tient pas* à moi que tu *ne* rétablisses [12] tes affaires.... Maintenant, je *ne* te retiens *plus* [10]. Je comprends que tu dois être très-préoccupé. Au revoir !

NICOLAS. Oui, viens nous voir.... plus tard.... quand tu auras rétabli tes affaires. Tu retrouveras toujours tes amis.

LOUIS. Nous *ne* te refuserons *jamais* [10] un bon conseil.

1. 715. — 2. 700. — 3. 718. — 4. 716. — 5. 719. — 6. 704. — 7. 710. — 8. 705. — 9. 706. — 10. 713. — 11. 723, II. — 12. 723, I. — 13, 720, II. — 14. 721. — 15. 727. — 16. 724. — 17. 720, I. — 18. 721, I. — 19. 728. — 20. 725.

CHAPITRE VIII.

PRÉPOSITIONS ET CONJONCTIONS.

I

PRÉPOSITIONS.

1.

Les douze premières questions (page 230) se rapportent à cette leçon, ainsi que les phrases de l'*Enfant parmi les loups* auxquelles se rattachent les notes 1, 2, 6, 7, 13, 14, 16, 18.

2.

Les questions suivantes (p. 230), moins les quatre dernières se rattachent à cette leçon, ainsi que les phrases du récit auxquelles se rattachent les notes 8, 10, 11, 12, 15.

3.

Aux quatre dernières questions (p. 231) on peut ajouter les suivantes :

Quelle différence y a-t-il entre *avant* et *devant?* — entre *à travers* et *au travers?* — entre *jusqu'à* et *jusques à ?* — Quand on emploie *jusqu'à* dans le sens de *même*, peut-on supprimer le sujet de la proposition ?

Les phrases de l'*Enfant parmi les loups*, qui correspondent à cette leçon, sont celles auxquelles se rattachent les notes.

Exercice. Appliquez dans le récit suivant les règles sur les prépositions.

LA PEINE DU TALION.

— Je viens réclamer de vous la punition d'un misérable, dit la reine en s'élançant dans [1] la grand' salle.

— De quoi s'agit-il? demanda le roi.

— On s'est permis contre moi quelque chose d'indigne[2]. Un marchand qui avait ma confiance depuis[3] nombre d'années m'a vendu une parure de[4] diamants dans lesquels il y en a cinq ou six de faux[5]. Vit-on jamais rien d'aussi effronté[6]? Si vous avez soin de la dignité de votre épouse, vous devez être prêt à[7] me venger. Il faut que dans trois jours[8] l'audacieux ait disparu de la terre[9].

— Je suis prêt à[10] le punir, dit le roi; mais n'oublions pas ce que dit le Sage : Qu'il faut laisser passer plus d'un[11] jour sur notre ressentiment. A vous voir si émue, j'ai cru d'abord que votre colère s'adressait à quelqu'un de plus coupable encore[12]. Où est-il ce marchand? à la ville ou à la campagne[13]?

— Je l'ai fait saisir parmi ses confrères[14], je l'ai fait conduire à travers le marché[16] jusqu'à cette prison que l'on voit d'ici[17]. Mais la prison serait une peine trop légère. Il faut que vous m'accordiez sa mort.

La reine revint six ou sept fois[17] sur cette demande. Le roi crut inutile de résister plus longtemps.

« Il sera fait comme vous le voulez, dit-il. Lequel préférez-vous, de le voir pendu ou de le voir livré aux bêtes[18]?

— Qu'il soit dévoré par les lions[19], ce sera trop peu encore pour punir son audace. Songez donc qu'outre[20] qu'il m'a volé, il a encore osé se jouer de moi.

— Voilà qui est entendu[20], dit le roi. Dans trois jours[21] il sera livré aux bêtes. »

Le jour indiqué arrive; la foule attend; on entend les bêtes rugir dans[23] leurs cages. Le pauvre marchand est introduit, près de[24] mourir et déjà plus d'à demi mort[25]. On ouvre la grille, l'animal qui entre dans l'arène n'a rien de[26] menaçant. C'est un agneau qui va caresser le condamné et se couche près de[27] lui. Plus d'un spectateur[28] applaudit malgré la présence de la reine. Elle voulait se fâcher :

« C'est assez de la peur[29] pour lui, dit le roi. D'ailleurs n'a-t-il pas été puni de la même manière qu'il vous a offensée? Il vous a trompée, et il a été trompé. »

II. Les enfants avaient fait à jeun plus de cinq lieues[30] depuis le lever du soleil. « Ma sœur, dit le jeune garçon, il est plus de midi[30]; tu as faim et soif, nous ne trouverons point ici à dîner; allons demander à manger au maître de l'esclave. »

1. 740. — 2. 731. — 3. 734. — 4. 735. — 5. 738. — 6. 731. — 7. 747. — 8. 736. — 9. 740. — 10. 747. — 11. 701. — 12. 732. — 13. 736. — 14. 746. — 15. 743. — 16. 734. — 17. 738. — 18. 733. — 19. 744. — 20. 748. — 21. 736. — 22. 740. — 23. 747. — 24. 701. — 25. 732. — 26. 747. — 27. 701. — 28. 701. — 29. 701. — 30. 701.

II

CONJONCTIONS.

Les phrases de l'*Enfant parmi les loups* qui se rattachent à cette leçon sont celles dont les notes portent les numéros 4, 5, 9 et 17.

Exercice. Appliquer dans le récit suivant les règles sur les prépositions et les conjonctions.

DEVANT LA CHEMINÉE.

Napoléon Ier ne restait jamais plus d'un[1] quart d'heure à table. Le baron L...., invité par lui à une partie de chasse, voyant l'empereur, au déjeuner, se lever plus tôt[2] qu'il ne s'y attendait, eut regret d'abandonner une appétissante cuisse d'oie qu'il était prêt à[3] manger; croyant n'être pas observé, il l'enveloppe dans une feuille de papier et la glisse dans la poche de son habit brodé.

On part pour la chasse; on se rend dans la forêt de Meudon. Le baron pensait bien à sa cuisse d'oie; mais outre[4] qu'il n'était presque jamais seul, la course était si rapide qu'il n'eut pas le temps de visiter sa poche pendant les trois à quatre heures[5] qui se passèrent avant[6] qu'on arrivât au rendez-vous de chasse.

Or, quoiqu'il[7] eût pris ses précautions en escamotant le morceau, il avait été vu, et un page avait raconté la chose à l'empereur. En apercevant le baron, Napoléon va le chercher parmi[8] la foule des invités et l'amène tout près d'un grand feu qu'on avait allumé; puis, par un geste qui lui était familier quand[9] il causait debout, il le tient cloué vis-à-vis de la cheminée, en le retenant par un bouton de son habit, et il l'entretient de ce qu'il compte faire dans[10], en quelques mois. Le baron est bien d'avis qu'il fait un peu chaud, mais il se trouve tout enorgueilli par ce qu'il[12] croit un acte de haute faveur. En[13] huit à dix minutes, le tour est joué : une odeur de rôti s'exhale de ses vêtements.

« Prenez garde, dit l'empereur, vous allez fondre !

— J'ai chaud, j'en conviens; mais je ne me sens pas encore près de[14] fondre.

— Mais si[15], dit Napoléon. Quoi que[16] vous en disiez, vous fondez. Voyez plutôt[17], votre graisse coule sur vos bottes ! »

Le fait est que la graisse de l'oie s'était fait jour au travers du[18] papier et coulait jusqu'à terre; tout le monde s'en était aperçu excepté lui. On peut juger si l'on rit du tour que l'empereur venait de jouer au pauvre gourmand.

1. 701. — 2. 704. — 3. 747. — 4. 744. — 5. 738. — 6. 740. — 7. 752. — 8. 746. — 9. 754. — 10. Dans trois mois, à partir du troisième mois; en trois mois, dans l'espace de trois mois, peu importe quand. — 11. 753. — 12. 736. — 13. 738. — 14. 747. — 15. 711. — 16. 752. — 17. 704. — 18. 743. — 19. 744.

Exercice *sur toutes les difficultés relatives à la préposition et à la conjonction.*

Vérifier dans l'historiette suivante l'application des règles.

L'ENFANT PARMI LES LOUPS.

C'était à la campagne[1]. Une femme qui faisait paître dans[1] la forêt les vaches de ses maîtres, avait emmené avec elle sa petite fille, âgée de moins de[2] quatre ans. Elle s'assit avec elle près d'un buisson et se prit à tricoter tout en causant avec l'enfant, pendant que les vaches paissaient alentour[3]. Tout à coup elle s'aperçoit que les vaches ont disparu. Elle les rappelle, mais quoiqu'elles[4] soient habituées à sa voix, elles ne reviennent pas, probablement parce qu'elles[5] sont trop éloignées. « En un instant[6], je les aurai retrouvées, » pensa-t-elle. Elle remplit de lait[7] une écuelle en bois[7]; elle la donne à sa fille en lui recommandant d'être bien sage; et la voilà[8] courant à la recherche de son troupeau, se promettant bien d'être de retour dans[1], quelques minutes. Mais les minutes durent plus d'une heure[2] et quand[9] elle revient, ramenant les sept ou huit bêtes[10], elle n'aperçoit plus sa fille. S'élancer au travers des[11] buissons jusqu'à l'endroit où elle l'a laissée, est l'affaire d'une seconde. L'écuelle est renversée; le sol est piétiné; quant à[9] la petite fille, il n'y en a plus la moindre trace. On peut imaginer la douleur et les cris de la pauvre mère! Folle d'inquiétude, près de[12] perdre l'esprit, elle appelle : « Marie! Marie!.... » Pas de[2] réponse. C'est ainsi qu'elle fait les sept à huit kilomètres[10] qui la séparent du village.... La foule s'assemble autour d'elle[5]. Elle raconte que les loups ont emporté sa petite fille et supplie qu'on lui aide à la reprendre. Les villageois sont touchés de[13] son désespoir : ils s'arment de ce qui leur tombe sous les mains et sont bientôt prêts à[12] partir.

Que se passait-il pendant ce temps dans la forêt? Un voyageur qui la traversait remarquait quelque chose de[14] fort singulier. C'était une voix d'enfant, de petite fille, sortant d'un fourré très-épais, où il ne semblait pas que l'on eût jamais pénétré. « Va-t'en, ou je te frappe! » disait l'enfant à plusieurs reprises. Le voyageur écarte les branches, et à travers[11] le feuillage, il aperçoit une petite fille entre[15] quatre ou cinq[10] louveteaux qui veulent la mordre. L'enfant ne paraît pas effrayée et se défend avec sa cuillère. La louve l'avait surprise et apportée à ses petits pour les amuser, comme les chattes apportent des souris aux leurs. Le voyageur pénètre dans le fourré, chasse les louveteaux, prend l'enfant dans ses bras et court vers le village en toute hâte, de peur d'être surpris par[13] la louve. Il rencontre les paysans qui venaient, en[6] armes, donner la chasse à la bête, et parmi[15] eux la vachère désolée. L'enfant se jeta dans ses bras, souriante, ne comprenant rien à sa douleur, ni à[16] l'agitation des villageois, et n'ayant aucune idée du danger qu'elle avait couru. Elle n'avait rien de[14] blessé, du reste, et l'enlèvement s'était fait sans lutte ni[17] effusion de sang. Nous n'essayerons pas de peindre le bonheur de la pauvre femme qui, dans les transports de sa joie, ne savait ce qu'elle devait admirer le plus, du sang-froid de l'enfant parmi[15] les loups, ou de l'heureux hasard[18] qui avait amené le voyageur près d'elle à l'instant où la louve était absente.

1. 736. — 2. 701. — 3. 740. — 4. 752. — 5. 753. — 6. 736. — 7. 735. — 8. 748. — 9. 754. — 10. 738. — 11. 743. — 12. 747. — 13. 733. — 14. 731. — 15. 746. — 16. 739. — 17. 739, à la fin. — 18. 732.

CHAPITRE IX.

REMARQUES COMPLÉMENTAIRES.

I

Les questions n'offrent aucune difficulté. Les remarques se trouvant par ordre alphabétique, il est inutile d'indiquer un numéro de renvoi pour le corrigé.

EXERCICE. Appliquer les observations de ce chapitre dans les morceaux suivants.

I. Les compagnons d'Ulysse changés en divers animaux par les herbes vénéneuses de Circé, refusèrent de changer leur nouvelle forme contre la forme humaine. Ils se trouvaient plus heureux de n'avoir affaire qu'avec leurs semblables, non plus cruels, mais moins méchants que les hommes. Ils prétendaient que l'hypocrite qui en impose, est plus à craindre que les serpents venimeux. Ils espéraient être plus heureux parce qu'ils s'imaginaient pouvoir faire ce qu'il leur plairait sans contrôle. Ils se plaignaient bien un peu de ce qu'ils avaient perdu la parole, mais ils croyaient que ce serait la payer trop cher que de la recouvrer en renonçant à la forme animale.

II. Dans un couvent de Chartreux où l'on déjeunait ordinairement de laitage, chaque religieux mangeait séparément et non avec ses confrères. Il tirait une sonnette, le cuisinier disposait la part qui lui revenait sur un tour et le plat arrivait ainsi à son adresse.

Or les religieux avaient un chien à qui l'on faisait observer le jeûne plus souvent qu'il n'en avait envie. Un matin de jeûne forcé, il se trouvait à portée du tour, et il en observait le mécanisme, d'un coin où il s'était couché. Quand il se vit seul, il imagina de suppléer par ce moyen-là aux vivres qu'on lui refusait, puisqu'il ne lui servait de rien d'en demander à ses maîtres; il s'approcha donc du tour, espérant que si le tour fonctionnait pour les autres, il fonctionnerait probablement aussi pour lui. En se dressant sur ses pattes, il atteignit à la sonnette et sonna comme il l'avait vu faire. Un moment après un plat se présente, il le prend avec sa gueule, le pose à terre, puis va le manger à l'écart. Le lendemain matin, même histoire : il y avait pris goût ; mais le cuisinier ne trouve pas son compte, et il n'entend pas raillerie là-dessus ; il dénonce le frère qui déjeune deux fois. Personne ne se reconnait coupable. On fait observer au cuisinier qu'il y a un moyen bien simple de s'assurer du fait, c'est de reconnaître chacun des consommateurs. Le conseil est suivi, et le chien est pris sur le fait. Mais on avait trouvé le tour si ingénieux qu'on continua à lui servir chaque jour sa pitance de la même façon.

III. Bias, un des sept sages de la Grèce, avait un jour à prononcer sur le sort d'un de ses amis accusé d'un crime capital. Au moment de rendre la sentence, il ne put retenir ses larmes. « De quoi vous désolez-vous, lui dit-on ; que ne vous épargnez-vous cette douleur? qui vous empêche d'absoudre votre ami?

— Je me désole, je me plains de ce que suis obligé de le condamner, car il ne mérite pas de pardon. Ah ! je me rappelle (795) encore ses premières années. Il était capable de bien et de mal ; cependant les bonnes qualités dominaient. Il unissait l'instruction aux nobles sentiments, mais tout cela ne lui servit de rien. Un seul vice a détruit tout ce qu'il y avait de bon en lui. Je voudrais l'aider ; mais la justice m'oblige à lui faire donner la mort, et quand la justice parle, l'amitié ne peut que se voiler la face et se taire. »

II

Exercice. Corrigez la fable suivante d'après les remarques ci-dessus.

LE LION ET LE RAT.

C'était vers midi, à l'heure la plus chaude de la journée. Un lion sortant de son antre moussu pour chercher une proie, mit la patte sur un rat. Si le rat eut peur au fond de l'âme, je n'ai pas besoin de le dire. Le lion allait lui épargner la peine de se défier à l'avenir de la gueule des chats, et il ouvrait déjà la sienne pour le dévorer, lorsque le rat, ployant le genou, lui dit qu'il n'était pas digne[1] de lui servir de nourriture et le supplia de l'épargner. « Au reste, ajouta-t-il, je suis en votre pouvoir, faites ce qu'il vous plaira. » La proie était de peu d'importance, le lion se laissa toucher; il leva la patte. « Garde ta vie, dit-il. — Foi de rat, répondit le rongeur d'un ton solennel, j'imiterai votre exemple à l'occasion. Faites fond (770) sur mon amitié. Au revoir. »

Le lion sourit, il espérait bien n'avoir jamais besoin de l'amitié du rat. Il se trompait. A quelque temps de là, il se trouva pris dans un lacs; en se débattant, il se démit le coude-pied, si bien que la douleur était atroce. Le rat l'entendit de loin, qui rugissait avec fureur; comme il avait pour lui un grand fond de reconnaissance, il accourut en trottinant, et le voilà s'efforçant d'aider à son bienfaiteur à recouvrer sa liberté. Le lacet était une vieille corde, le rat joua si bien de la bouche et des pattes qu'elle se trouva rompue. « Voyez-vous, monseigneur, dit-il au lion délivré, que la Fontaine avait bien raison autrefois lorsqu'il disait :

Il faut, autant qu'on peut, obliger tout le monde,
On a souvent besoin d'un plus petit que soi.

1. *Digne*, est pris ici en bonne part. Le lion fait aux animaux
« En les croquant beaucoup d'honneur. »

CHAPITRE X.

FIGURES.

I

DE L'INVERSION.

EXERCICE. Analyser les inversions du sujet, de l'attribut, des compléments, contenues dans les phrases suivantes, et rétablir la construction directe.

« De la dépouille de nos bois
L'automne avait jonché la terre.... »

L'automne avait jonché la terre de la dépouille de nos bois. Inversion du complément indirect.

« Cache au désespoir de ma mère
La place où je serai demain. » MILLEVOYE.

Cache la place où je serai demain, au désespoir de ma mère. Inversion du complément indirect.

« Dans ces prés fleuris
Qu'arrose la Seine,
Cherchez qui vous mène,
Mes chères brebis. » MME DESHOULIÈRES.

Mes chères brebis, cherchez qui vous mène dans ces prés fleuris. Inversion du complément indirect.... Que la Seine arrose. Inversion du sujet.

« Si vers le soir un triste orage
Vient ternir l'éclat d'un beau jour,
Je me souviens qu'à votre cour
Le temps change encor davantage. » VOLTAIRE.

Je me souviens, si un triste orage vient, vers le soir, ternir l'éclat d'un beau jour, que le temps change encore davantage à votre cour. Inversion des compléments indirects et circonstanciels.

« Une femme est debout, de beauté ravissante,
Pieds nus ; et sous ses doigts un indigent fuseau
File, d'une quenouille empruntée au roseau,
Du coton floconneux la neige éblouissante.
Un pâtre d'Amyclée auprès d'elle placé,
Du bâton recourbé, de la courte tunique,
Rappelle les bergers d'un bas-relief antique,
Par un instinct charmant et sans art adossé.
Comme aux jours solennels des fêtes d'Hyacinthe,
Des fleurs du gattilier sa tête est encor ceinte,
Sous sa couronne à l'ombre, il regarde, surpris,
Trois voyageurs d'Europe au pied d'un chêne assis. »

P. Lebrun.

Une femme ravissante de beauté est debout. Inversion du qualificatif et du complément indirect. — Pieds nus, et un fuseau indigent file sous ses doigts, d'une quenouille empruntée au roseau, la neige éblouissante du coton floconneux. Inversions des compléments indirects. — Un pâtre d'Amyclée, placé auprès d'elle. Inversion du complément indirect. — Rappelle du (avec son) bâton recourbé, de (avec) sa tunique courte, les bergers d'un bas-relief antique. Inversions des compléments indirects. — Adossé par un instinct charmant, et sans art. Inversion du qualificatif et des compléments. — Sa tête est encore ceinte des fleurs du gattilier comme aux jours solennels des fêtes d'Hyacinthe. Inversion des compléments indirects. — A l'ombre, sous sa couronne. Inversion des compléments indirects. — Il regarde, surpris, trois voyageurs d'Europe assis au pied d'un chêne. Inversion du qualificatif.

« Soumis avec respect à sa volonté sainte,
Je crains Dieu, cher Abner, et n'ai point d'autre crainte. »

Racine.

Le qualificatif *soumis* est placé ici avant *je* qu'il qualifie. Mais ici l'inversion est forcée. A moins de changer les mots, on ne peut faire une phrase française avec la construction directe.

« Ce qu'un zéphyr fait par sa fraîcheur sur le bord d'un ruisseau pour délasser les troupeaux languissants que l'ardeur de l'été consume, ce discours le fit pour apaiser le désespoir de la déesse. »

Fénelon.

Ce discours fit, pour apaiser le désespoir de la déesse, ce qu'un zéphyr, etc. Le complément très-long, placé en tête de la phrase, est répété ensuite sous la forme du pronom le, « ce discours *le* fit. »

II

SYLLEPSE.

Exercice. Analysez les syllepses des phrases suivantes.

1. Moïse dit : Que ferai-je à ce peuple? Ils me lapideront.

Ils, au pluriel, quoiqu'il se rapporte au collectif *peuple*, qui est au singulier.

2. Beaucoup sont appelés et bien peu sont élus.

Les verbes sont au pluriel, parce que les mots *beaucoup* et *peu*, quoique au singulier, éveillent l'idée d'un pluriel.

3. Entre le *pauvre* et vous, vous prendrez Dieu pour juge ;
Vous souvenant, mon fils, que caché sous ce lin,
Comme *eux* vous fûtes pauvre et comme *eux* orphelin.
Racine.

Le *pauvre*, dans le premier vers, est mis pour les *pauvres*, et dans le dernier vers le poëte a écrit *eux* deux fois, parce qu'il s'est plus occupé de l'idée qu'il avait dans l'esprit que du mot qu'il venait d'employer.

4. On est heureuse quand on est adorée de ses enfants.

On est masculin, et cependant on le fait ici féminin, parce que ce mot désigne une femme.

5. La vieillesse
Inhabile aux plaisirs dont la *jeunesse* abuse
Blâme en *eux* les douceurs que l'âge lui refuse. Boileau.

Eux, dans le dernier vers, se rapporte à la *jeunesse*. L'auteur fait comme s'il avait écrit : les *jeunes gens*.

6. Vois comme tout le camp s'oppose à notre fuite.
Avec quelle insolence *ils* ont de toutes parts,
Fait briller à nos yeux la pointe de *leurs* dards ! Racine.

Dans le premier vers, il s'agit du *camp*, qui est au singulier, et dans les vers suivants, nous voyons le camp représenté par *ils* et *leurs*, au pluriel, parce que le poëte a pensé aux soldats réunis dans le camp.

7. D'un espoir renaissant le peuple est enivré ;
Leur espoir les trompait.... Voltaire.

8. Je ne fus pas au marché neuf que je fus accablé d'une foule de peuple qui hurlait plutôt qu'il ne criait ; je m'en démêlai en leur disant que la reine leur ferait justice. De Retz.

Dans ces deux phrases encore, le *peuple* au singulier est rappelé par des mots au pluriel : *leur* espoir *les* trompait.... en *leur* disant que la reine *leur* ferait justice.

Ces syllepses sont correctes. Cependant, c'est une figure qu'il faut employer avec beaucoup de discrétion. On doit le plus souvent préférer une autre tournure.

III

ELLIPSE.

Exercice. Expliquer la nature des ellipses contenues dans les phrases suivantes : rétablir les mots sous-entendus ; indiquer les phrases répréhensibles, s'il y en a.

1. Mais le fer (est tout prêt), le bandeau (est tout prêt), la flamme [est toute prête.
RACINE.

2. J'eusse été près du Gange esclave des faux dieux,
(*J'eusse été*) Chrétienne dans Paris, (*je suis*) musulmane en ces [lieux.
VOLTAIRE.

Ici l'ellipse est vicieuse, car les mots : *je suis*, ne sont indiqués par rien.

3. Heureux (celui) qui vit en paix du lait de ses brebis. SEGRAIS.

4. (S'il est) Excepté la vertu, tout passe comme un songe.

5. Qu'oses-tu demander, Cimber? — (J'ose demander) La liberté.
VOLTAIRE.

6. Les œuvres des humains sont fragiles comme eux (sont fragiles).
ID.

7. Le repos vient au cœur comme aux yeux (vient) le sommeil.
V. HUGO.

8. Le devoir d'un enfant est (placé) dans l'obéissance.

9. Je t'aimais inconstant, qu'eussé-je fait (si tu avais été) fidèle ?
RACINE.

L'ellipse est un peu forte, mais la phrase est correcte.

10. L'âme de certaines femmes n'est pas moins fardée que leur visage (n'est fardé).

11. O femme, que veux-tu? — Parthénope, (je veux) un asile. —

Quel est ton crime ? — Aucun (n'est le mien). — Qu'as-tu fait ?
[— (J'ai fait) Des ingrats.
— Quels sont tes ennemis ? — Ceux qu'affranchit mon bras
[(sont mes ennemis).
C. DELAVIGNE.

12. Le sol le plus ingrat peut avoir sa beauté.
Est-il nu ? Que des bois parent sa nudité.
(Est-il) Couvert? — Portez la hache en ses forêts profondes.
(Est-il) Humide ? — En lacs pompeux, en rivières fécondes
Changez cette onde impure, et par d'heureux travaux
Corrigez à la fois l'air, la terre et les eaux.
(Est-il) Aride enfin? — Cherchez, sondez, fouillez encore.
DELILLE.

13. Qui t'a fait roi? qui t'a couronné? — La victoire (m'a fait roi,
[m'a couronné.

14. (Cela fut) Aussitôt fait que (cela fut) dit.
LA FONTAINE.

Une seule ellipse est répréhensible, celle du nº 2. Toutes les autres donnent une heureuse rapidité au style.

IV

PLÉONASME.

EXERCICE. Analyser les pléonasmes contenus dans les phrases suivantes ; dire en quoi ils consistent et corriger ceux qui sont vicieux.

Nous écrivons en italiques la partie de la phrase qui forme un pléonasme.

1. *Tu* t'es perdu *toi-même*, infortuné jeune homme.
2. Et que *m'a* fait, *à moi*, cette Troie où je cours? RACINE.
3. Il *nous* fuit et *nous* hait, *nous* qui l'aimons toujours.
4. .... C'est *à vous à qui* je parle, ma sœur.
5. Les éclairs sont moins prompts, je l'ai vu *de mes yeux*,
Je l'ai vu qui frappait ce monstre audacieux. VOLTAIRE.
6. O *toi*, de mon repos compagne aimable et sombre,
A de si noirs forfaits, prêteras-*tu* ton ombre ? BOILEAU.
7. Et *moi* qui l'amenai triomphante, adorée,
Je m'en retournerai seule et désespérée ! RACINE.
8. Il faut s'*entr*'aider *mutuellement*.

9. Il *n'y* a *que* le *seul* Racine qui soutienne constamment l'épreuve de la lecture. VOLTAIRE.

10. Avez-vous vu *toute* la troupe *entière ?* LA FONTAINE.

11. Mais les fautes du cœur, jamais on ne *les* passe. ANDRIEUX.

12. Allons voir si *peut-être* elle n'est pas rentrée.

13. *Que* cet heureux instant me doit être *bien* doux ! CRÉBILLON.

Les pléonasmes des n°s 8, 9, 10, 11 et 13 sont vicieux. *S'entr'aider* et *mutuellement* se répètent sans utilité. Il en est de même de *ne*, *que* (il n'y a que) et *seul;* de *toute* et de *entière*, de *que* et de *bien* (700). *Peut-être*, n'est pas plus utile dans le vers n° 13. Il faut donc pour être correct retrancher un de ces deux mots dans chaque phrase.

Voici encore un pléonasme vicieux. Target, présidant l'Assemblée constituante sous la première république, prononça cette phrase que l'on a conservée :

« Je vous engage, messieurs, à maintenir entre vous la paix et la concorde, suivies du calme et de la tranquillité. »

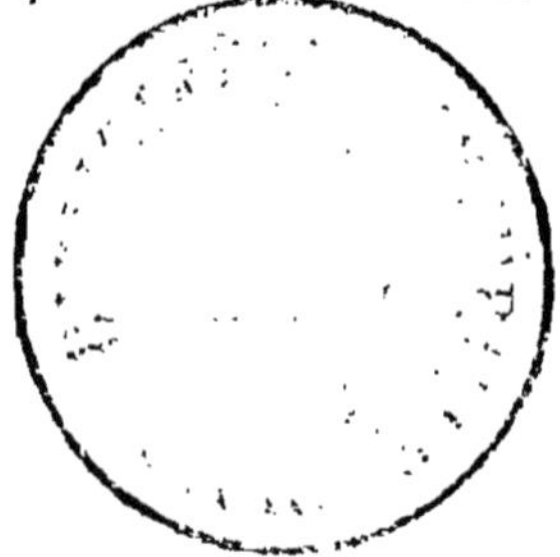

FIN

TABLE DES MATIÈRES.

TROISIÈME PARTIE. — SYNTAXE.

FIN DE LA TABLE.

Imprimerie générale de Ch. Lahure, rue de Fleurus, 9, à Paris.

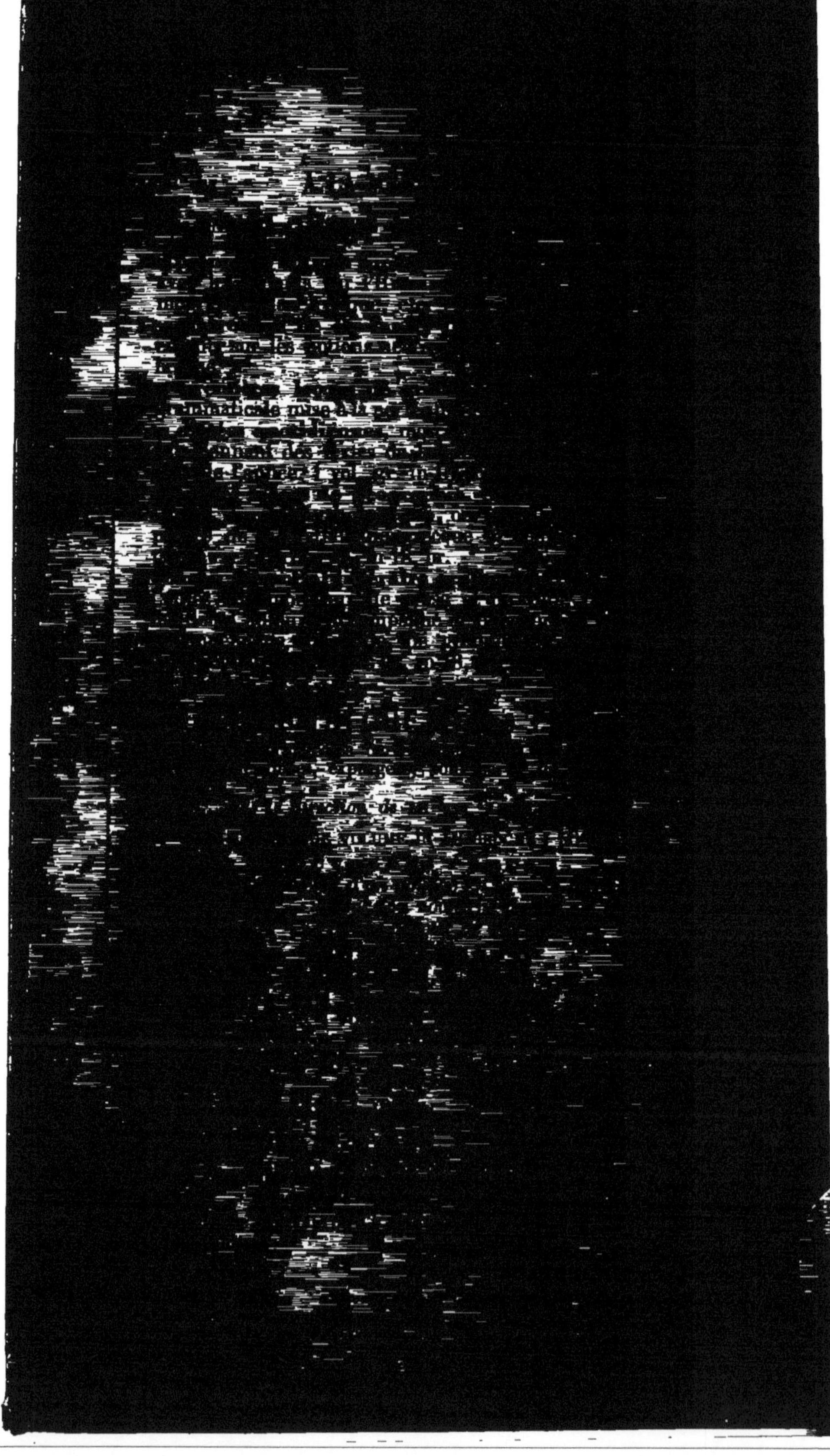

www.ingramcontent.com/pod-product-compliance
Ingram Content Group UK Ltd.
Pitfield, Milton Keynes, MK11 3LW, UK
UKHW012047240726
13965UKWH00003B/1096

9 782013 080408